THOMAS VON AQUIN

W0332323

BERTHOLD WULF

THOMAS VON AQUIN

Doctor Angelicus

VERLAG FREIES GEISTESLEBEN

CIP-Kurztitelaufnahme der Deutschen Bibliothek

Wulf, Berthold:
Thomas von Aquin: Doctor Angelicus / Berthold Wulf. –
Stuttgart: Verlag Freies Geistesleben, 1982.
ISBN 3-7725-0766-2

Frontispiz: Thomas mit dem aufgeschlagenen Buch
›Summa contra Gentiles‹. Gemälde von
Fra Angelico, San Marco/Florenz (Photographie
Giraudon, Paris).
Rückentext: Nachruf der Pariser Universität

Einband: Martin Diethelm

Korrigierter Nachdruck der Ausgabe ›Doctor Angelicus‹,
Ahrweiler 1964
© 1982 Verlag Freies Geistesleben GmbH, Stuttgart
Satz und Druck: Hans Hawelka, Stuttgart

Inhalt

Vorwort

Diese kleine Schrift, die aus der Verehrung gegenüber einem Großen der Menschheit geschrieben wurde, möchte nichts anderes bewirken, als Verehrung zu erwecken. Nicht im ersten Sinne philosophisches oder historisches Interesse möchte das Büchlein wachrufen, bedeutende und sachkundige Werke haben das längst getan, aber es möchte die Empfindung erwecken, daß es der Atem der großen Individualitäten ist, welcher die Geschichte durchpulst.

Die Zeitalter reichen sich durch die führenden Menschen die Hand. In Thomas von Aquino begegnet unsere Gegenwart einer Gestalt, die mehr als andere Persönlichkeiten des Mittelalters den Blick der Gegenwart für ihre eigenen Aufgaben schärfen kann – lebte doch Thomas von Aquino in der vollen Geistesgegenwart seines Jahrhunderts.

Am Schluß dieser Schrift finden sich zahlreiche Anmerkungen und Hinweise auf Literatur, Quellen usw. Diese Hinweise sind für das Verständnis der Schrift nicht notwendig; sie wollen nur dem, der sich mehr mit der Sache beschäftigen will, die ersten Schritte weisen.

Ohne die Geisteswissenschaft Rudolf Steiners, die auf Thomas von Aquino ein helles, klärendes Licht wirft, wäre diese Arbeit nicht möglich gewesen.

Zürich, Pfingsten 1982 *Berthold Wulf*

Was der Vernunft natürlich ist,
erscheint uns mit solcher
Notwendigkeit als wahr, daß wir
überhaupt gar nicht denken können, es sei falsch.[1]

Daß etwas mit Gewißheit gewußt wird,
kommt für uns von dem inneren Licht
der Vernunft, durch die Gott zu uns spricht.[2]

Thomas von Aquino

I.

Als in den Märztagen des Jahres 1274 aus dem Zisterzienser-Kloster Fossanuova in Mittelitalien die Nachricht in die Welt drang, daß der große Thomas von Aquino, der angelische Lehrer der Christenheit, gestorben sei, erweckte diese Kunde Trauer, ja, mancherorts Bestürzung. Zu früh war der Schild und Schutz des Christentums aufgehoben – Thomas stand im achtundvierzigsten oder neunundvierzigsten Lebensjahre. Zwar war das Bollwerk der reinen Lehre des Christentums aufgerichtet gegen Irrtum und arabische Verführung, aber der große Geist des Lehrers des Abendlandes war nicht mehr in seiner Klarheit und Demut unter den Lebenden als eine Tröstung und Gewißheit, daß die Mysterien des Christentums auch gedacht und gewußt werden können. Der große Albertus in Köln brach in Tränen aus: Jetzt ist unser Bruder hinweggegangen! Man fühlte, der helle, lichtvolle Einklang zwischen Offenbarung und Erkenntnis war zu Ende gegangen.

In tiefer Demut hatte Thomas gelebt. Kirchliche Ämter, so oft sie auch an ihn herangetragen wurden, hatte er ausgeschlagen. Das führte ihn dazu, das eine hohe Amt zu ergreifen, die Mission seines Erdenlebens: Er lebte in der Führung und im Amte seines Engels. Doctor Angelicus, so nannten ihn voller Ehrfurcht, die ihn gehört hatten. Doctor Angelicus – er nimmt und ißt die Speise der Engel, aber er bereitet auch in seiner dienenden Erkenntnis die Nahrung himmlischer Geister: er ist das Brot der Engel.

Die Erkenntnis, die im Einklang mit dem Herzen ist – diesem lichtvollen, geheimnisreichen Organ, in welchem der Christus soll geboren werden, galt Thomas' tiefste Wahrheitsliebe[3] – leuchtete über dem Leben des Aquinaten. Es gibt Bilder, die Thomas darstellen mit einer aus dem Herzen mächtig ausstrahlenden Sonne. Im Dienste der guten Weltenmacht stehend, erleuchtete diese Sonne die Christenheit des hohen Mittelalters. Die Sonne des Geistes lehrte durch den angelischen Lehrer und mit ihr der »Engel der Schule«. Die alte Offenbarung der ersten christlichen Jahrhunderte war verloschen; das Denken schaute ihr nach und suchte sie mit sehnsuchtsvollem Herzen. Jetzt mußte die alte Gottesschau denkend ergriffen werden. Und er, Thomas, lehrt dieses verstehen, er, der größte aller Lehrer seines Zeitalters: »Von Gott selbst, direkt durch Eingießung des Heiligen Geistes, durch eine unmittelbare Mitteilung des Wissens der Engel empfing er in seiner Seele so viel Licht und Wissen. Nach Art der reinen Geister ist er mehr schauend als durch Vernunftsschlüsse denkend. Er hört mehr, als daß er argumentiert. Er ergreift mit einem einzigen Blick die Wahrheit selbst, anstatt sie durch vielfältiges Bemühen zu entdecken ... Er ist mehr intuitiv als diskursiv, um in der Sprache seiner Zeit zu reden ... Er ist mehr Engel als Mensch.«[4]

Wie kann aber ein Mensch den Engeln ähnlich werden, deren Denken und Wollen und Fühlen lichtvoll eines geworden ist, daß sie im Angesicht Gottes Lob singen und rühmen? Indem Vernunft und Herz und der Wille sich gegenseitig durchdringen, daß der Wille der Vernunft hilft, die himmlischen Wahrheiten zu erschauen, und die Vernunft den Willen entflammt durch des Herzens Liebe. So wurde das Leben und die Lehre des Heiligen von Aquino eines, und er der »gelehrteste unter den Heiligen und der heiligste unter den Gelehrten«. So entflammte sich auch seine friedvolle Kontemplation zum Kämpfermut um den geistigen Fortbestand des Abendlandes: »Nicht allein durch seine jungfräuliche Reinheit ... wurde er ›angelicus‹, mehr noch vielleicht durch seinen Eifer, bis zu den Enden der Welt widerhallen zu lassen den Kriegsruf des obersten der Engel: ›Wer ist wie Gott?‹«[4] – In diesem Ruf aber spricht sich der Erzengel Michael selber aus.

Doctor communis, den allgemeinen Lehrer, nennt ein älterer Name den Aquinaten, da seine Weisheit die Weiten des Weltalls, die Höhen der Engelreiche und die Tiefen der Menschenseele erfaßte: der engelhafte Lehrer im Dienste Michaels wurde er, weil das Ziel und der Grund seiner Erkenntnismühe die verborgene Gottheit ist, »latens Deitas«, vor welchem das Denken zur Andacht wird und beginnt, sich zu verwandeln in »heilig nüchterner« innerer Bewegung.

Einstmals hatte man die Gottheit oder dann auch ihre Wirksamkeiten in heiliger Entrückung geschaut, jetzt waren die Reste der alten Gottesschau in das Denken und die Erkenntnissuche herabgestiegen, waren zur Erde gefallen. Auf daß aber das Denken nicht in den Erdenstaub der Materialität[5] versinke, wurde es an den Glauben des Herzens angeschlossen – wie rechte und linke Hand sich im Gebet verbinden. Und aus dieser Gebärde entsprang das gewaltige, himmelaufstrebende Weltanschauungsbild der albertinischen und thomistischen Lehren der Hochscholastik wie die Bauwerke der gotischen Kathedralen. Vernunftinhalt und Glaubensinhalt sollen ohne Widerspruch sich einander verbinden. Was der Vernunft zugänglich ist, soll nicht der Offenbarung, die dem Glauben zugänglich ist, widersprechen; Vernunft und Glauben dürfen einander nicht entgegen sein.[6] Und wenn auch zwischen beiden eine Grenze liegt wie eine Chorschranke, so ist es doch der eine lichterfüllte große Dom, der in seiner Gebärde die Gottheit sucht. Und diesseits und jenseits der Chorschranke walten der Meister und der Heilige, Welterkenntnis und Offenbarungsglaube, Aristoteles und Augustinus im Dienste der einen Kirche.

Der Universalismus des christlichen Mittelalters hatte sich noch einmal wie in einem Gipfelereignis durch Thomas geoffenbart. Es sprach das christliche Weltgefühl, getaucht in lauter Licht, durch den Lehrer. Das macht auch das Unpersönliche seiner Lehre aus. Die mittelalterliche Kirche hatte in Thomas ihr denkendes Haupt gefunden; in ihm sprach sie sich aus. In den dreißig Foliobänden der »Opera omnia« ist wenig Persönliches zu finden. Auch ist nur ein einziger Brief, kurz vor dem Tode des Heiligen, geschrieben an den Abt von Monte Cassino, an die Nachwelt gekommen. Und auch dieser Brief behandelt ganz unpersönlich ein Textproblem eines Kommentars Gregors zum Buche Hiob. Aber es ist eben doch diese sachlich-demütige Hingegebenheit an einen Weltinhalt der persönliche Zug des thomistischen Geistes, der sich offenbart in jenem logischen Scharfsinn der Verknüpfung der Inhalte, »daß so präzis, so innerlich logisch gewissenhaft niemals gedacht worden ist vorher und nachher niemals gedacht worden ist als in der Zeit der Hochscholastik.«[7] Dieser Scharfsinn errichtete jenes einzigartige Gedankengebäude, das der Methode und dem Inhalte nach zwischen der Anamnesis, der Erinnerung Platons – dessen Philosophie Theologie ist und die verschiedentlich nachwirkt im Augustinismus – und der verstehenden Sinnesbeobachtung des Aristoteles steht und in der »Theologischen Summe« seinen umfassenden Ausdruck gefunden hat, wobei an die Stelle des mythologischen Erinnerungsbildes Platons der dogmatische Glaubensinhalt der mittelalterlichen Kirche getreten ist.[8] Als Thomas nun gestorben war und man erkannt hatte, daß ein so überaus großes und helles Licht der Kirche erloschen war, waren viele Brüder der Bettelorden und eine große Menge Volkes aus den Städten und Dörfern Campaniens versammelt, um das Begräbnis zu begehen. Unter allgemeinem Schmerz und unter Gesängen erfolgte die Bestattung. »Es glaubten alle, wie es ja auch war, daß das größte Licht der christlichen Religion erloschen und die Kirche durch den Tod dieses Lehrers verwaist sei, der durch seine göttliche und unvergleichliche Lehre und die ungeheure Menge seiner Schriften jene in der ganzen Welt erleuchtet hatte ...«[9] Zuvor hatte der Bischof Franziskus von Terracina die Pontifikalmesse gelesen: »Als beim Beginne derselben der Vorsänger des Chores die Missa Requiem intonieren sollte, überraschte er die Versammelten, indem er mit dem Introitus der Missa de Confessoribus: Os justi begann. Aber der ganze Chor fiel alsogleich in dieselbe Gesangsweise ein, und statt einer Fürbitte für den Verstorbenen gestaltete sich der gottesdienstliche Akt zu einer Lobpreisung seines heiligen Lebens.«[10]

Dieses sagte beim Heiligsprechungsprozeß der Abt von Fossanuova unter Eid aus, daß nicht die Totenmesse, sondern die Messe Os justi, die beginnt mit den Worten: »Der Mund des

Gerechten sinnet Weisheit, und seine Zunge redet Gerechtigkeit, und das Gesetz Gottes ist in seinem Herzen«, gefeiert worden sei.

Thomas hatte sein Leben im Zisterzienserkloster Fossanuova beschlossen. Und weil der Zisterzienserorden u. a. als eine Reform des Benediktinerordens zu dem Geiste der ersten, strengen Regel des Benedikt von Nursia zurückkehrte, knüpft ein Biograph die Bemerkung daran an, daß das Leben des Thomas ausging von benediktinischem Geiste und bei seinem Tode sich wieder zu ihm zurückwandte, »auf daß, weil ja Thomas dereinst in zarter Jugend den Geist der Religion unter den Benediktinern von Monte Cassino schöpfte, er seinen Geist voller Gnade und Wahrheit auch wiederum unter den Benediktiner-Zisterziensern Gott zurückgebe, um ihn den Engeln zuzugesellen, mit denen er, durch die Reinheit des angelischen Lebens, solange er am Leben war, die Ähnlichkeit bewahrte ...« [11]

In der Trauer und dem Lobpreis um den Verschiedenen wollten aber die Gerüchte von einer Vergiftung durch König Carl von Neapel nicht verstummen. Derselbe sei besorgt gewesen, Thomas könne auf dem Konzil von Lyon über die Tyrannis und das unsittliche Privatleben des Königs aussagen. Wie dem auch sei, es liegt darüber Schweigen gebreitet wie über manchem aus dem Leben eines Großen, das unerkannten Schmerz und verhüllte Tragik bedeutet. Es ist ein Teil von dem Schmerzvollen, das überhaupt über dem Gange der Menschheit liegt seit den Tagen von Golgatha, das aber die Menschheit vorwärts bringt.

Lange ging der Streit um den endgültigen Ruheort des großen Toten hin und her. Die berühmte Universität von Paris wünschte »ihren Lehrer« bei sich zu begraben. Schließlich wurden die sterblichen Reste des Heiligen in der Kirche St. Sernin in Toulouse beigesetzt. Um ihn, der so ruhig und gelassen war, dessen Geistesart wie der wahrhaft großartige Hintergrund einer friedvollen Landschaft war, wurde viel Lärm gemacht, Lärm auch von Lobrednern seiner Lehre, neben mancher würdigen Anerkennung, selbst von heftigsten Gegnern. So wurde Thomas im gleichen Rang mit antiken Autoren zitiert, er und Albertus, die dem Jahrhundert sein geistiges Gepräge gegeben haben, »praecipui viri in philosophia, Albertus et Thomas«.[12] Und er, Thomas, dieser Geduldige des Geistes, der Jahrhunderte durch seine Rede bewegt hatte, ihn hatte man im Beginne seines Studiums den »großen, stummen Ochsen von Sizilien« genannt.[13] Die Pariser Universität feierte Thomas, wie noch nie ein Mensch so feierlich von ihr geehrt worden war. Sie nannte ihn »einen leuchtenden Morgenstern, ein Licht für die ganze Welt, ja, jenes große Licht, das gesetzt ist, den Tag zu erleuchten (stellam matutinam praeeminentem in mundo, jubar in lucem saeculi, immo, ut verius dicamus, luminare majus, quod praeerat diei). Ihn habe die Vorsehung der Welt nur aus einem besonderen Gunsterweis und nur für eine kurze Zeit gegeben (conditorem naturae ipsum toti mundo ad tempus speciali privilegio concessisse); doch, wenn man an das denke, was er auf Erden war, möchte man glauben, die Natur habe ihn für immer gegeben, damit er ihre Geheimnisse offenbare (eum videbatur simpliciter posusisse natura ad elucidandum ipsius occulta).«[14]

Drei Jahrhunderte später stand ein anderer auf, auch er war im Mönchsstande gewesen, Augustiner. Von dem heißt es, daß er die »Summa Theologica« öffentlich verbrennen wollte, aber es heißt weiter, daß niemand bereit war, zu diesem Zwecke Luther die »Summa« zu überlassen. Dennoch ging die mittelalterliche Theologie unter. Sie mußte ja sterben, wenn sie sich nicht verwandelte, wie alles tot ist, das nicht in verwandelter Gestalt von Dasein zu immer neuem Dasein schreiten will. Was aber durch den Tod hindurchgeht, aufersteht und wird wieder jung und lebenskräftig. – Am 18. Juli 1323 erfolgte die Heiligsprechung durch Papst Johannes XXII. Gewaltig war das Werk, das Thomas hinterließ.[15] »... Er war ein Priester der ewigen Wahrheit.« Er war dies, »... weil er nicht bloß mit Platon und Aristoteles Tiefes und Großes dachte, sondern weil der Geist des heiligen Paulus und des heiligen Augustinus aus ihm redete ...«[16]

II.

Als Thomas geboren wurde, saß auf dem Stuhl Petri in Rom Honorius III., der auf jene weithin sichtbare Gestalt des Papstes Innozenz III. folgte. Ludwig IX. von Frankreich, noch ein Kind, trat seine lange Regierungszeit an. Die Mohammedaner hielten noch immer in Spanien ihr Königreich von Granada aufrecht und beunruhigten die christliche Welt trotz des Sieges der Kreuzfahrer bei Las Navas. Und vor allem regierte die Herrschernatur Friedrichs II. das Heilige Römische Reich von Deutschland bis Sizilien. Der große Kampf zwischen Papst und Kaiser, der dem ganzen Mittelalter seinen Charakter gab, war eben vorübergehend durch einen kurzen Frieden von San Germano abgelöst worden.[17] Der Hohenstaufe war prachtliebend; »Stupor mundi« – ein eigenartiges Wunder der Welt, das die damalige Kirche eine Zeitlang überlichtete und das auch in das Schicksal des jungen Aquinaten hereinspielen sollte.

Die Familie des Thomas war mit den herrschenden Mächten der damaligen Zeit aufs engste verbunden. Man könnte sogar sagen, weil weithin reichende verwandtschaftliche Verhältnisse eine Rolle spielten, daß für die Familie die politischen und kirchlichen Kämpfe Familienauseinandersetzungen waren. In dieser Familie floß außer dem italienischen auch französisches und deutsches Blut: der Kaiser des Reiches war der Vetter des Thomas von Aquino, und Friedrich der Rotbart, der in den Fluten des Kalykadnus ertrunken war, war sein Großonkel. Es mag wenige Fürstenhäuser Europas gegeben haben, an welche die Familie von Aquino nicht durch festere oder losere Verwandtschaftsbindungen geknüpft war, stammte doch die Mutter aus normannischem Fürstengeschlecht, und Thomas war der Großneffe Friedrichs I. und der Neffe Heinrichs VI. Zu alledem hatte der Papst Honorius III., vertreten durch den Bischof von Aquino, bei der Taufe des Thomas Pate gestanden.[18]

Die Jahrzehnte um die Wende des 12. zum 13. Jahrhundert hatten dem christlichen Abendlande bedeutende Ereignisse gebracht. Um 1205 war Joachim de Fiore gestorben, jener Mönch aus Kalabrien, der im Rufe der Heiligkeit stand. Er hatte, sich hinwendend zur griechischen Heiligkeit der frühen Kirche, jene Lehre von der Liebe Gottes ausgebildet, die, einer platonischen Geistesschau ähnlich, sich in drei Weltaltern in der Geschichte nach dem Heilsplan Gottes entfaltet, gemäß der Dreifaltigkeit der Gottheit selber: Das Zeitalter des Vaters in der Knechtschaft der Menschheit und Erziehung im Alten Testament, das Zeitalter des Sohnes in der brüderlichen Unterweisung und Liebe, das Zeitalter des Geistes in der Geburt des Gottessohnes in der Menschenseele im Geiste der Wahrheit und Freiheit.[19] Diese helle, liebevolle Lehre von der Heiligung des Menschengeschlechts durch die nach und nach einwohnende Gottheit war um die Jahrhundertwende erklungen; die Menschheit dürstete danach. Um das Geburtsjahr des Thomas, das verschieden angegeben wird (1225–27), hatte Franz von Assisi seinen Sonnengesang, den Hymnus auf die Gottheit, gesungen und dann dankbar seinen irdischen Leib den Schöpfermächten zurückgegeben.

Ein Jahrhundert zuvor war Bernhard von Clairvaux dem am Ende des 11. Jahrhunderts gegründeten Zisterzienserorden beigetreten. Dieser, eine Reform des Benediktinerordens, hatte sich schnell ausgebreitet. Eine Welle der Erneuerung ging durch die Welt wie der Atemwind eines neumachenden Geistes. So sagte man vom Zisterzienserorden, ihn habe der Heilige Geist inspiriert, Benediktus habe die Gesetze gegeben, der hl. Robert ihn begründet, aber Bernhard von Clairvaux habe ihn ausgebreitet. Innerlich verbunden war dieser Orden jener bedeutungsvollen Schule von Chartres[20], in welcher die größten Geister der Zeit wirkten, vor allem der große Alanus ab Insulis.

1215 wurde der Lehrorden der Dominikaner von dem Kastilianer Dominikus Guzman gegründet in zeitlicher Nachbarschaft mit dem Orden der Franziskaner, der »minderen Brüder«. Dominikus war in jene Gegenden Südfrankreichs gekommen, wo die Albigenser und Waldenser wirkten. Mit aller Sanftmut und Liebeskraft seines Wesens, mit dem innig-intensiven Temperament des romanischen Menschen seiner Zeit, mit aller seelischen Anmut und der hinreißenden Kraft seiner Worte hatte Dominikus unter den »Ketzern« gewirkt. In diesem Wirken lag die Begründung des Bettelordens der Dominikaner, der sich hauptsächlich der Predigtaufgabe widmete. »Es war in Dominikus ein ganz starkes Ebenmaß des Geistes... Und weil ein frohes Herz das Antlitz heiter macht, so offenbarte er den ausgeglichenen Zustand des inneren Menschen nach außen hin durch Güte und heitere Miene. In seinen Entschlüssen, die er im Hinblick auf Gott mit klarer Einsicht gefaßt hatte, bewahrte er eine solche Herzensfestigkeit, daß er sich kaum jemals, ja niemals herbeiließ, eine Entscheidung, die nach reiflicher Überlegung einmal ausgesprochen war, zu ändern... Untertags im Umgang mit den Brüdern und Gefährten war niemand freundlicher, niemand angenehmer... So gewann er sich leicht die Liebe aller; ohne Schwierigkeit fiel ihm sogleich die Zuneigung aller zu, sobald sie ihn sahen... Überall erwies er sich in Wort und Werk als Mann des Evangeliums.«[21]

Nachdem 1216 der Orden der Dominikaner von Rom bestätigt worden war, breitete er sich sehr rasch aus. Vier Jahre nach der Bestätigung bestanden bereits 60 Klöster. Es traf die Gründung des Ordens zur rechten Zeit auf die Stimmung des Zeitalters einer mehr persönlich wissen wollenden Religiosität, welche auch die himmelemporstrebenden gotischen Dome errichtet hat, welche sich wie das in Stein gefügte Kunstwerk begrifflicher scholastischer Systeme ausnehmen. Als nach dem ersten Drittel des 13. Jahrhunderts dann das Inquisitionstribunal dem Lehrorden der Dominikaner übertragen wurde, wurde auch allerdings ein Vorgang eingeleitet, der zu den traurigsten Ereignissen der Folgezeit führte.

Die Bestrebungen des Dominikus lagen tief in den Sehnsüchten der Zeit begründet. Man eilte in großen Scharen zu den Brüdern im weißen Rock, die das weiße Skapulier und darüber den schwarzen Mantel mit der Kapuze trugen. Die Wachenden über die Reinheit des Glaubens gegen Irrtum und Verführung, die »domini canes«, die »Hunde des Herrn«, so wie die Prediger auf zeitgenössischen Bildern abgebildet sind, wurden die Dominikaner genannt. Und oft geschah es, daß durch inneres Geheiß Vornehme und Adlige sich der selbstgewählten Armut der »Fratres Praedicatores« zuneigten. So wird erzählt, daß dem großen Albertus, als er in Padua studierte, in der Dominikanerkirche die hl. Jungfrau erschienen sei, die ihn in den Orden berufen habe.[22] Später wirkte dann derselbe Albertus als berühmter Lehrer in dem Kloster St. Jakob in Paris in einem Kreis von Lehrern nahezu aller Länder des Abendlandes, einen geistigen Universalismus und Kosmopolitismus begründend, in welchem dann Thomas, alles überleuchtend, in einem Jahrhundert wirken konnte, in welchem der Kampflärm um den geistigen Fortbestand des Abendlandes erscholl. Von Albertus wird weiter berichtet[23], daß er – und die gotische Baukunst wurde nach ihm die »ars Albertina« genannt – maßgeblich an der Planung des Kölner Domes beteiligt gewesen sei: In seine Zelle seien zu dem sinnenden Dominikaner vier himmlische Erscheinungen getreten, gefolgt von der hl. Jungfrau, auf deren Anweisung die vier Meister den wunderbaren Kirchenbau im Aufriß gezeichnet hätten, den Albertus in seinem Gedächtnis bewahrt habe, als die himmlischen Baumeister wieder verschwunden gewesen seien.

In diesen Orden der Dominikaner trat der zwanzigjährige Jüngling Thomas aus Aquino ein, der das erhabenste Licht des Ordens wurde und von Anfang an von seiner besonderen Gunst getragen war. Es war, als habe sich die Gründung des Dominikus erst endgültig in Thomas Aquinas wiedererkannt.

Dominikus und Franziskus hatten, als sie ihre beiden Orden gründeten, die so grundverschieden schon in ihren allerersten Anfängen waren, nie daran gedacht, sich gegen die wohlhabende und mit Pfründen reichlich ausgestattete Kirche aufzulehnen,

Dominikus und Thomas. Gemälde von Hans Pleydenwurff, 1472 (Germanisches Museum, Nürnberg). ▶

aber sie hatten beide eines gemeinsam: die absolute Armut. Den Bettelstand geloben, heißt doch, die Freiheit Gottes, die Freiheit des Geistes aus der erdengebundenen Kirche herauslösen. Und das war neu im 12. und 13. Jahrhundert. Beide Ordensgründer verweisen auf die Lebensform der Armut, die der Gottessohn in seiner Barmherzigkeit selbst bei seinem Erdenwandel gewählt hatte. So hatte Franziskus das zehnte Matthäus-Kapitel aufgeschlagen und danach seine Anweisung für die Brüder aufgeschrieben mit der testamentarischen Bitte, sie nicht auszulegen, sondern sie so zu belassen, wie sie geschrieben wurde: »... umsonst habt ihr's empfangen, umsonst gebt es auch. Ihr sollt nicht Gold und Silber noch Erz in euren Gürteln haben und auch keine Tasche zur Wegfahrt, auch nicht zwei Röcke, keine Schuhe, auch keinen Stecken ...« Hieran galt es sich zu halten, »sine glossa«, ohne Kommentar; das lautere Evangelium Christi sollte die Lebensanweisung derer sein, die den Bettelstand gelobten.

Die freigewählte Armut war nötig; denn die Welt war reich geworden. Die Klöster wechselten aus den verborgenen, abgelegenen Wald- und Berggegenden in die rasch aufgeblühten großen Städte: Reichtum und Handel überall. Der Reichtum des Wissenwollens war gerechtfertigt – aber nur, wenn er sich mit der äußeren Armut verband. So wuchsen die beiden Bettelorden, die Franziskaner und die Dominikaner; die Dominikaner, die großen Baumeister der scholastischen Wissenssysteme und die Franziskaner, die Singenden der Barmherzigkeit Gottes.

III.

Zu der Zeit, als Franziskus seinen Sonnengesang gesungen hatte – Dominikus war schon einige Jahre früher gestorben (1221) –, wurde Thomas auf dem Schlosse Roccasecca bei Aquino im Neapolitanischen als siebenter Sohn des Grafen Landulf geboren. Der Burgberg liegt einige Meilen von dem ehrwürdigen

Benediktinischen Kloster auf dem Monte Cassino entfernt. Landulf von Aquino war ein treuer Vasall des Hohenstaufen Friedrich II. Bei dessen Kämpfen mit dem Papst war das Kloster auf dem Monte Cassino zerstört worden, wobei Landulf wohl beteiligt gewesen sein mag. Später hielt es der Graf für angemessen, vielleicht als eine Versöhnungsgeste, seinen letzten Sohn, der ein kontemplatives Wesen zeigte, im Knabenalter in das Kloster zu tun, nicht ohne die Absicht, ihn später als Abt des Klosters sehen zu dürfen, was in vielfacher Hinsicht günstig und ehrenvoll gewesen wäre.

Unweit des Schloßberges wohnte ein alter, frommer Einsiedler. »Der Gute«, wie er genannt wurde, weissagte der Fürstin von Aquino vor der Geburt Größe, Ruhm und Schicksal des Sohnes. [24] Die Geschichte legte, wie über so viele helfende Große der Menschheitsgeschichte, über diesen »Guten« die schützende Decke des Mysteriums.

Von den Schicksalen des Knaben im Kindesalter ist zu erwähnen, daß einmal der Blitz in das Burggemach schlug und die Schwester neben dem Knaben Thomas tötete, er selber blieb unversehrt. So nahmen selbst die Himmel teil mit ihren Mysterien an dem Werden des Kindes, das zu Außerordentlichem von der Menschheitsführung in den geistigen Welten ausersehen war.

Im fünften Lebensjahr wurde Thomas zur Erziehung dem Kloster auf dem Monte Cassino übergeben. Da bricht aus dem sonst schweigsamen und schwerfällig scheinenden Kinde auf einmal die mit Leidenschaft gestellte, aus den tiefsten Gründen der Seele sich emporringende Frage auf: »Was ist Gott?« – Hatte nicht Jahrhunderte vorher Augustinus so gefragt: er fragte die Erde, das Meer und die Abgründe nach dem Göttlichen, die Lüfte und den Dunstkreis der Wolken, die Philosophen. Alle hatten ihm nur geantwortet: Wir sind nicht Gott. In allem Sichtbaren, Hörbaren lebt nicht Gott! Leidenschaftlich hatte Augustinus diese Frage gestellt. Durch die Jahrhunderte wurde sie hier und da wieder gestellt, aber nicht so innig, so brennend. Nun flammte sie wieder auf aus dem Munde eines schwerfälligen, viel vor sich hinschweigenden Knaben. – Was ihm damals für eine Antwort geworden ist, ist nicht überliefert.

Als Thomas etwa 14 Jahre alt geworden war, wurde das Kloster auf dem Monte Cassino, das den Inbegriff der gesamten christlich-abendländischen Entwicklung in sich barg, von Truppen Friedrichs II. besetzt. Man schrieb das Jahr 1239, als die Mönche ihr Kloster, das für eine Zeitlang militärischen Zwecken diente, verlassen mußten; unter den Mönchen befand sich Thomas von Aquino. Er nahm den Weg nach Neapel. Die dortige Universität war durch Friedrich II. um das Geburtsjahr des Aquinaten als erste Staatsuniversität nicht für Kleriker, sondern vornehmlich für die Ausbildung von Staatsbeamten gegründet worden. Diese Gründung war ausgesprochen gegen die Macht der Kirche gerichtet. Hier studierte Thomas das Trivium und Quadrivium der sieben freien Künste, lernte damals aber auch durch seinen Lehrer Petrus von Hibernia die Schriften des griechischen Philosophen Aristoteles kennen, die von der kirchlichen Orthodoxie der Freigeistigkeit und des gottlosen Aufklärertums verdächtigt wurden. Hier auch begegnete Thomas jener Welle der Jugendlichkeit und des Erneuerungswillens, die durch die ersten Generationen der beiden Bettelorden, der Franziskaner und Dominikaner, pulste. Und das um so mehr, weil die Bettelorden trotz Privileg und Anerkennung von seiten des Papstes noch nicht die allgemeine kirchliche Unterstützung genossen. Aristoteles und das Ideal der Armut der Bettelnden – das erfüllte das Herz des Aquinaten und wurde zum bestimmenden Schicksal in seinem Leben bis zum letzten Atemzug.

Die Armut, die das Evangelium lehrt, und zugleich der Drang nach Wissen – in Armut »Bettler um Geist« zu sein – das erfüllte die junge Geistesbewegung an den entscheidenden Punkten des Abendlandes, in Paris, Bologna und Neapel ... Geschehnisse wie das folgende mögen wohl öfter vorgekommen sein: »Im Jahre 1231 hält ein Professor der Universität Paris, Jean de Saint Gilles, im Dominikanerkloster Saint Jacques eine

Ansprache über die evangelische Armut; während er spricht, überwältigt ihn sein Gegenstand so sehr, daß er innehält, den Prior um das Ordensgewand bittet und dann seine Ansprache, nun selbst Dominikaner geworden, zu Ende führt.« [25]

Als Thomas mit etwa 16 Jahren seine Studien in Neapel zu Ende geführt hatte, stand in ihm der Entschluß fest, Bettelmönch, Dominikaner zu werden. Bettelmönch, der der Orthodoxie noch immer wie der Sohn der Häresie erscheinen mußte.

Mit diesem Entschluß in seinem Herzen mag Thomas eines Tages auf das Schloß seines Vaters gekommen sein, um in seiner ruhigen, schwerfälligen Art zu erklären, daß er dem Orden des Spaniers Dominikus beigetreten sei. Die Reaktion des Grafen Landulf und seiner Familie war äußerst heftig. Man hatte Thomas, wenn nicht schon als Ritter, so doch als Abt des ehrwürdigen Klosters auf dem Monte Cassino gesehen, ein mittragender Fürst in einflußreicher Stelle – und nun der Sohn eines bekannten adligen Hauses als Bettelmönch! Die Familie schalt ihn; die Brüder verfolgten ihn, entrissen ihm das schwarz-weiße Ordenskleid, schmähten ihn wie einen, der den Verstand verloren habe; ja, der ganze Vorfall drohte zu einem politischen Ereignis zu werden von weitreichenden Folgen, an welchen der Kaiser und Papst beteiligt waren. Alles Bitten, Spotten, Drohen erschütterte nicht die Beharrlichkeit des jungen Mönches. Vielleicht war es seine Mutter, die Fürstin von Aquino, die ihn zuerst verstand und mit ihm fühlte, dann eine Schwester. Ein Kompromißvorschlag, Thomas solle als Fürstabt der Benediktinerabtei dominikanischen Habit tragen, wurde abgelehnt: Thomas wollte außer lehrender Bettelmönch überhaupt nichts anderes sein, und niemals gab er seinen Entschluß auf, in Demut auf Erden den niedrigsten Platz einzunehmen.

Als Thomas' Wille, Bettelmönch zu werden, in Aquino bekannt wurde, hatte seine Mutter Theodora veranlaßt, ihn, der nun auf dem Wege nach Paris war, zu ergreifen: »Da sandte sie eine Botschaft an ihre älteren Söhne, die am Hof des Kaisers auf dem Feld von Acquapendente weilten, und bat sie bei ihrem mütterlichen Segen, Thomas zu ergreifen, den die Predigerbrüder mit dem Habit ihres Ordens bekleidet und zur Flucht aus dem Königreich veranlaßt hätten. Die Söhne der Theodora wollten die Weisung ihrer Mutter ausführen, um ihr einen Beweis ihrer Anhänglichkeit zu geben. Sie unterbreiteten dem Kaiser den empfangenen Auftrag und sandten mit seiner Zustimmung Kundschafter aus, Straßen und Wege abzusuchen.«[26]

Nördlich von Rom wurde er von seinen Brüdern überfallen und ergriffen, auf den Monte San Giovanni gebracht und dann in die Festungshaft der Burg Roccasecca. Achtzehn Monate dauerte die Gefangenschaft bei seiner Familie, der er trotz aller Gewalttat immer in Liebe zugetan blieb. Hier im Gefängnis verbrachte er seine Zeit im Gebet und in der Meditation über die göttlichen Dinge und einverleibte die aristotelischen Schriften seinem Gedächtnis.

Während der Gefangenschaft geschah es, daß seine Brüder, um Thomas' Gesinnung zu beeinflussen, einen schändlichen Plan verwirklichten. Sie, die die Feinfühligkeit und Zartheit ihres Bruders kennen mußten, schickten eine geputzte Kurtisane in sein Gemach. Thomas, der nie zornig gewesen war, ergriff in ungeheurer Erregung ein brennendes Holzscheit, und mit diesem flammenden Schwerte stand er furchterregend da. Der Anschlag auf seine Sittlichkeit war abgewehrt. – Gegen Ende seines Lebens hat dann Thomas seinem Freunde Reginald von Piperno erzählt[27], nach dem Vorfall mit dem Feuerbrand sei er erschöpft im Gemach niedergestürzt und in einen tiefen Schlaf verfallen. Erwacht durch einen Schrei, habe er sich erinnert, daß er geschrieen habe, weil zwei Engel in einem Traumgesicht ihm einen feurigen Gürtel angelegt hätten, welcher ihm Qual bereitete, ihm aber Kraft und Unverwundbarkeit gegen alle Versuchung der Unreinheit verliehen habe. Seitdem hatte Thomas niemals Anfechtung zu erleiden. Später schrieb er, daß die erstgeborene Tochter der Unkeuschheit die Blindheit des Geistes sei.

Thomas war nach diesem Ereignis nur noch einmal zornerfüllt in seinem Leben, als er, wie berichtet wird, gegen Siger von Brabant auftreten mußte, um die Versuchung gegen die Reinheit und Wirklichkeit des Gedankens abzuweisen. – Über die zerstörende Kraft des Zornes schrieb Thomas: »Der Zorn bewirkt aber hauptsächlich eine körperliche Störung in der Herzgegend, so daß diese Störung auch auf die äußeren Glieder übergeht. Deshalb behindert der Zorn unter allen Leidenschaften am offensichtlichsten das Vernunftsurteil.«[28]

Im Sommer 1245 erlangte Thomas endlich seine Freiheit wieder mit Hilfe seiner Schwester. Es wird berichtet, daß er in einem großen Korbe aus dem Turm seines Gefängnisses entkam. Er wandte sich nach Neapel, und von dort machte er sich erneut wieder auf den langen Weg nach Paris, den er, nach dem Gesetz der Dominikaner, zu Fuß zurücklegte.

IV.

Seit dem Ende des 12. Jahrhunderts war die Universität von Paris *die* Hohe Schule des Abendlandes. Weltliche und geistliche Fürsten holten dort ihren Rat ein. Heinrich II. von England hatte schon wenig nach Beginn der zweiten Hälfte des Jahrhunderts in seinem Kampf mit Thomas Becket vorgeschlagen, seine Sache dem Kollegium der Magister von Paris vorzulegen. Und der Papst hatte von Paris gesagt, es sei der Ofen, wo für die lateinische Welt das Brot gebacken würde. Eine neue Stadt der Philosophen, ein neues Athen sei Paris. Und Thomas sollte für Paris der große Lehrer werden, wie Aristoteles das für Athen gewesen war.

Thomas wanderte in Begleitung seines Ordensgenerals Johannes Teutonicus, eines Deutschen aus dem Niederstift Münster, nach Paris. Es war in jenen Wochen, als das Allgemeine Konzil in Lyon Kaiser Friedrich II. absetzte. Als nun die beiden Dominikaner der Stadt Paris ansichtig wurden, fragte Johannes seinen jungen Ordensbruder: »Was würdest du geben, Bruder Thomas, könntest du König dieser Hauptstadt sein?« »Ich möchte lieber die Abhandlung des heiligen Chrysostomos über das Evangelium Matthäi, als die Stadt Paris besitzen«, war die Antwort.[29]

Die Ankunft Thomas' in dem nachhaltig berühmten Konvent der Prediger von Saint Jacques gestaltete sich wenig erfreulich. Die Bettelmönche waren öffentlich beschimpft und angegriffen worden, so daß der junge König Ludwig von Frankreich, der Heilige, der spätere Freund des Aquinaten, dem Kloster eine königliche Wache gab, um zu schützen, was an Geistigkeit von universeller Bedeutung sich hier vorbereitete.

Im Jahre der Ankunft des Thomas kam auch der deutsche Dominikaner Albertus Magnus als Lehrer an das Ordenshaus St. Jakob. Einige Jahre lehrte er dort im Verein mit dreizehn anderen Lehrern aus verschiedenen Ländern. Eine universalistische, michaelische Geistesströmung durchpulste das Haus. Ein Biograph des Albertus schreibt darüber: Es »war gewiß damals eine größere Anzahl ausgezeichneter, hochgelehrter Mitglieder des Predigerordens aus allen Nationen in jenem Hause zu St. Jakob vereint, um welche eine lernbegierige Jugend ... sich gesammelt hatte ... Es ist dies eine so rührende Erscheinung! ... Männer vom Morgen- und Abendlande, vom Süden und Norden, Deutsche und Romanen wohnen hier im Kloster in höchster Eintracht und christlicher Liebe zusammen, um den Interessen der Wissenschaft, der Begründung und Ausbreitung des Gottesreiches in den Geistern zu leben!«[30] Und Thomas sollte die Leuchte dieses universalistischen Geistesstrebens, die Leuchte der berühmten Sorbonne werden, und zwar in einem solchen überragenden Maße, daß nach des Aquinaten Tode die Sorbonne wie selbstverständlich forderte, die Gebeine des Heiligen aus Süditalien bei sich zu bestatten.

Thomas, »der stumme sizilianische Ochse«, wie er in Paris wegen seiner Schwerfälligkeit und Schweigsamkeit genannt wurde, galt zunächst für einen Dummkopf. Er war groß von

Gestalt, langsam und ruhig seine Bewegungen, scheu in Gesellschaft, milde und sehr bescheiden. Die ihn kannten, liebten ihn wegen seiner Demut und seines großen Wissens, das er aber verbarg. Als er einmal später gefragt wurde, wofür er Gott am meisten dankbar sei, sagte er, dafür, daß er jede Seite verstanden, die er jemals gelesen habe. Er arbeitete schwer und durch einen großen Teil der Nacht, aber niemand hatte je Hast oder abgespannte Müdigkeit bei ihm bemerkt. Er arbeitete eigentlich immer, und später kam es vor, daß er selbst noch im Schlafe einem Bruder diktierte.

Es wird erzählt, daß er anfangs in Paris nicht nur oftmals den Spott, sondern auch einmal das Mitleid eines Mitstudierenden hervorrief. Dieser wollte dem »stummen Ochsen« durch Stundengeben in der Logik nachhelfen. Höflich und still hörte Thomas zu. Da geschah es, daß der junge »Lehrer«, selbst unklar, ins Stocken geriet. Nun half Thomas in Beschämung und Verwirrung, die Lösung zu finden. Verwunderung ergriff die Mitstudenten, man wußte nicht, wer dieser große Stumme war, bis Albertus eines Tages dem Verwundern und Ahnen durch jenes prophetische Wort über Thomas Klarheit brachte: »Ihr nennt ihn den ›stummen Ochsen‹, ich aber sage euch, das Brüllen dieses ›stummen Ochsen‹ wird so laut werden, daß es die Welt erfüllt.«[31] Und beide, Albertus und Thomas, wurden nahe Freunde und erfüllten mit den Geistestaten der christlichen Wiedergeburt des Aristoteles die ganze damals bekannte Welt. – Während dreier Jahre war Thomas in Paris Schüler seines berühmten Lehrers.

Der Umfassenheit seines Wissens verdankte Albertus den Namen Doctor universalis. Als Philosoph, Naturwissenschaftler, Theologe beherbergte er in seinem Wesen das Wissen des Zeitalters. Groß in der Magie, größer in der Philosophie, am größten in der Theologie – sagte man von ihm. Seine Größe in den Wissenschaften war so überragend, daß man fühlte, Engelskräfte wirkten in ihm. Und doch wurde dieser Große später Schüler[32] des noch Größeren, des um viele Jahre jüngeren Thomas von

Aquino. Die innige Zuneigung beider – wie aus Engelskräften geboren – währte bis über den Tod des Aquinaten hinaus und kam u. a. darin zum Ausdruck, daß Albertus mit großem Eifer 1277 sich von Köln nach Paris begab, um das verschiedentlich in seinen Teilen verurteilte Werk seines Freundes zu verteidigen.

Um die Zeit, als Thomas erstmals nach Paris kam, fing Albertus mit der eigentlichen Ausarbeitung seines Lebenswerkes an: die Schriften des Aristoteles der lateinischen Welt verständlich zu machen. Das war neu und eine kühne Tat allerersten Ranges; denn Aristoteles galt als heidnisch-atheistischer Feind der mittelalterlichen Theologie. Albertus fing damit an, Aristoteles mit ihr zu versöhnen und die Kraft seiner Überzeugungsfreiheit, die in einem solchen Wort des Albertus zur Erscheinung kommt, daß man wohl in Sachen des Glaubens und der Moral Augustinus mehr als den Philosophen glauben müsse, wenn beide uneins sind; handele es sich aber um Medizin, so halte er sich an Hippokrates und Galen, und »wenn es um die Natur der Dinge geht«, so wende er sich an Aristoteles: »Wir sagen mit Averroes, daß es keinen anderen Grund für die Peripatetiker gegeben hat, in den meisten Dingen den Bahnen des Aristoteles zu folgen, als den, daß seine Ansichten am besten den Sachverhalten gerecht werden (quia pauciora vel nulla inconvenientia sequuntur ex dictis ejus).«[33] Und die Überzeugung der besten Ansichten über die Sachverhalte gewährt ein Denken, das wie in Fäden geknüpft ist und in welchem die Knüpfungen wie verwoben in einen Teppich sind, der durch seine Ordnung, in welcher jeder Faden und jeder Knoten seinen ihm bestimmten Platz hat, die Ordnung der Welt offenbart; ein solcher Teppich kann wahres kunstvolles Planbild der Welt zeigen. Heftig in seiner Art wandte sich Albertus gegen Behauptungen und Dogmen auf philosophischem Felde: »Es ist schmählich, in der Philoso-

Albert der Große. Tafelgemälde von Thomas von Modena, 1352, Treviso (Kunstverlag R. Berger, Köln). ▶

phie etwas vorzubringen, ohne zugleich die Gründe dafür aufzuzeigen«.[33] Und Thomas ist der wahre Schüler des Albertus, wenn er sagt: »Der Autoritätsbeweis ist der schwächste von allen.«[33] Dies war einer der Gründe, warum in der Scholastik nicht in historischem Sinne geforscht wurde, wie dieser oder jener Philosoph gedacht habe, sondern einzig und allein der gegenwärtige Sachverhalt und die Gründe, die dafür sprechen, waren entscheidend. Diese unbeirrbare Wahrheitssuche formulierte Thomas später so: »Das Studium der Philosophie zielt nicht darauf hin, zu wissen, was der oder jener gedacht hat, sondern, welches der wahre Sachverhalt ist.«[33] Darum war für Thomas Aristoteles keine Autorität, sondern eben der beste Kenner des Sachverhaltes. Und so ist Thomas auch nicht gehindert, in der Feststellung des Wahren Platon, Boëthius und selbst die Araber heranzuziehen, ja sogar Grenzen des aristotelischen Vorgehens gegenüber der platonischen, sokratischen und vorsokratischen Philosophie aufzuzeigen. »Er bemerkt wiederholt, daß Aristoteles gegenüber den alten Philosophen, besonders Sokrates und Plato, nicht immer gerecht ist und sehr häufig ihre Meinungen bekämpft, indem er spitzfindig über die Worte streitet, statt sich an die Sache zu halten; er versteht eben ihre metaphorische Ausdrucksweise nicht und nimmt Formulierungen wörtlich, die offenbar symbolisch sind.«[34] Um dieses autoritätslose, selbständige Verhältnis des Thomas zu Aristoteles zu zeigen, sei noch ein treffendes Wort angeführt, das ein gründlicher Kenner der Scholastik schreibt: »Wir glauben: wenn Aristoteles wieder auf die Welt käme, würde er sicherlich nicht alles unterschreiben, was Thomas gesagt hat; aber weit entfernt, ihn des Plagiats anzuklagen, empfände er jene tiefste Freude des Geistes, die es gibt: die nämlich, verstanden worden zu sein und sich selbst übertroffen zu sehen in dem Geist eines solchen Schülers.«[34] Für solche Selbständigkeit gegenüber Autoritäten und solches tiefe Vertrauen in das Denken war Albertus seinem Schüler Thomas das lebendigste, geistesgegenwärtigste Vorbild.

Albertus hatte in seiner Jugend erfahren, wie schwer es war

in seinem Jahrhundert, über die Natur etwas Wahres zu wissen. Er hatte sich unablässig bemüht, in ihre Geheimnisse einzudringen. Seine Mühe war so groß, daß er einmal, wie die Überlieferung berichtet, völlig erschöpft und verzweifelt in seiner Kammer gesessen habe. Da habe sich in einer Vision das Gemach erhellt, und die Jungfrau Maria sei zu ihm getreten mit drei anderen Jungfrauen und habe ihn mit der Verheißung getröstet, daß ihm reiche Weltweisheit würde geschenkt werden, die ihm aber vor seinem Tode wieder solle genommen werden. Albertus wurde fortan mit Weisheit begnadet. Trotzdem aber mußte er fühlen, wie schwer es war, um die Mitte seines Jahrhunderts den Weg zum Geiste zu finden. Es gehörte zur Tragik und Notwendigkeit des Ganges der Menschheitsentwicklung, daß in jenem Zeitalter auch die bedeutendsten menschlichen Individualitäten eine Zeitlang die völlige Trübung ihres Einblicks in die geistige Welt erfahren mußten.[35] Das Gestelltsein der menschlichen Seele nur auf ihre eigenen Kräfte war tragische Notwendigkeit. Damals hatte Albertus in Köln eine Vision, als er über der Hierarchienlehre des Dionysius Areopagita sann: Der Sinnende schaute sich auf einmal in einem Dome, in welchem Paulus die Messe hielt. Da bat ihn Albertus um Erleuchtung über die Engelreiche. Nach der Messe bedeutete Paulus den Bittenden, ihm zu folgen. Sie kamen »in das Haus des Priesters Aaron, jenseits des Wassers ... Wir kamen an das Wasser, und der Apostel ging mit Leichtigkeit hinüber. Als ich es aber mit Füßen zu berühren begann, wuchs es ins Ungeheure, so daß mir der Durchgang unmöglich war.«[36] Der Weg zur geistigen Welt war unbegehbar. Dafür entwickelte sich der Keim einer Wissenschaft aus den nur-irdischen Menschenkräften heraus, die in die Geistesfinsternis führen muß, wenn sie nur-irdisch bleibt. Es ist charakteristisch, daß um dieselbe Zeit, als Albertus seine Vision in Köln hatte, der englische Franziskaner-Mönch Roger Bacon schrieb: »Erforscht die Natur und macht Experimente! Dann werdet ihr ungeahnte Dinge hervorbringen können. Ich kann mir denken, daß dann ein Wagen entsteht, der sich ohne Zugtiere mit ungeheurer Geschwindigkeit über die Erde hinbewegt: ein einziger Mann sitzt darin, drückt auf einen Hebel, und der Wagen läuft dahin. Ich kann mir ein Schiff denken, das mit viel größerer Geschwindigkeit, als sie mit Rudern möglich ist, das Meer befährt, indem ein einziger Mann im Innern des Schiffes auf einen Hebel drückt und allein dadurch das Schiff in die schnellste Bewegung versetzt. Ich kann mir denken, daß der Mensch wie ein Vogel durch die Luft fliegt, indem er in einem Gerät sitzt mit Flügeln nach Art des Vogels, die er mit Hilfe einer Vorrichtung in Tätigkeit setzt.«[37]

Es bildete sich bei den Lehrern, die in dem Jahrhundert der Hochscholastik den Geist mit irdischen Kräften suchen mußten, eine Lehre vom Geist aus, die in ihrer Reinheit und menschlichen Größe in einem beschatteten Zeitalter einzigartig dasteht. Albertus lehrte ein langes Leben lang diese Geistigkeit, zu der die Menschenseele geführt werden muß, wenn sie nicht verdursten soll: Die reine Geistigkeit (formae) flutet formspendend aus der Welt des hellen Urlichtes und der Intelligenzen in die Materie der Erde; denn die Materie sehnt das Göttlich-Formende, das gleichzeitig hell und gut ist, herbei seit ihrer Verfinsterung. Als Universalien, als Ideen, ist diese erdenbildende und Finsternis gut formende Geistigkeit den Menschen zugänglich. Aus der Beschattetheit des Jahrhunderts und der daraus entspringenden Sehnsucht, den Geist wiederzufinden, erstand jene realistische Universalienlehre des Albertus und Thomas, auf die weiter unten näher eingegangen werden soll.

Als das Leben des Albertus sich seinem Ende zuneigte, erfüllte sich die Weissagung jener Vision in seiner Jugend, daß ihm die Weltweisheit vor seinem Tode wieder genommen werden würde. Drei Jahre vor seinem Sterben (1280), während er in Köln im Kreise der Mönche und Schüler sprach, fing sein Gedächtnis an zu verblassen. Er unterbrach seine Rede und erzählte, was ihm in jener Vision zuteil geworden sei. Von nun an »entfielen seinem Gedächtnis alle philosophischen Gründe, nur den Text der Heiligen Schrift und den Aristoteles wußte er noch.«[38] Albertus fing an zu sterben. Sein geistiges Wesen zog sich in die Heimat des Geistes zurück. Als während dieser Zeit ein Kleriker ihn besuchen wollte und an seine Zelle klopfte: »Bist du da?« – antwortete es von innen: »Albertus ist nicht mehr hier, er war da.«

Viele Reisen hat Albertus im Dienste seines Ordens und der Weisheit nach der Regel der Dominikaner zu Fuß unternommen: Deutschland, Polen, Italien, Frankreich hatte er durchwandert, in Paris und Köln, an den Zentren des Abendlandes gelehrt. Nun fing er an, seine größte Reise anzutreten – nicht mehr als Lehrer, sondern vielmehr als Lernender mit Thomas zusammen, in der Schule der Himmlischen, der der Gedankenfürst Michael vorsteht. Die Legende erzählt, daß beide, Albertus und Thomas, in den Gewändern, die sie in der Ewigkeit bekleiden, von Engeln begleitet, von der Erde hinweggingen, um im Dienste des Christentums der Menschheit neue Wege zu weisen.

Diesen großen Lehrer, Albertus, hatte die Schicksalsführung dem Jüngling aus Aquino bestimmt, als er nach Paris kam. Drei Jahre später folgte Thomas dem Lehrer nach Köln, wo dieser 1248 die theologische Fakultät begründete, und im gleichen Jahre erfolgte auch die Grundsteinlegung zum Bau des Kölner Domes, dessen Plan Albertus nach jener Vision, die wir oben berichteten, aufzeichnete.

Für Thomas waren die Jahre in Köln (1248–1252) Jahre der Stille und geduldigen Reifung. Hier schrieb er eine Vorlesungsnachschrift von Disputationen des Albertus über die aristotelische »Ethik«. 1250 oder 1251 erhielt Thomas die Priesterweihe, man weiß nicht genau, wo sie vollzogen wurde und wer das Sakrament zelebrierte. Das Jahr der Jahrhundertmitte war auch schon die Mitte dieses allzufrüh zu Ende gegangenen Lebens.

V.

Die Mitte des Jahrhunderts war durch bedeutende Ereignisse signiert: 1250 starb Friedrich II., das »Wunder der Welt«. In demselben Jahr fingen die Dominikaner an, Schulen für Arabisch zu gründen. Der Einfluß des mohammedanischen Philosophen Averroes stieg wie eine unaufhaltsame Flut. Die Chronik zeichnete noch manche Ereignisse um dieses Jahr auf: Der hl. Ludwig befand sich auf einem Kreuzzug; die Notre-Dame-Kathedrale zu Paris wurde vollendet, und in Florenz gab man den ersten Goldflorin heraus.

1252 ging Thomas nach Paris als Baccalaureus zurück. Bald darauf erwartete ihn eine neue, tief eingreifende menschliche Begegnung. Thomas lernte den Franziskaner Bonaventura kennen. Bonaventura war um wenige Jahre älter; er stammte aus armem Hause (geboren 1221 zu Bagnorea im Kirchenstaat). Seit 1248 war er Lehrer für Theologie in Paris. Ausgezeichnet mit einem lebhaften Geist und bewegter Beredsamkeit, wurde er später, bereits im Alter von 34 Jahren, Franziskanergeneral, ein Jahr vor seinem Tode noch Kardinalbischof von Albano. (Er starb 1274 auf dem Konzil zu Lyon, wenig später als Thomas.)

Ob Thomas und Bonaventura in Freundschaft einander zugetan waren, ist schwer zu sagen. Sicher war es eine Schicksalsverbindung von weit her, wie denn beide auch im gleichen Jahre ihren predigenden Bettelorden beigetreten sind, und nach anfänglicher Untersagung ihrer Lehrtätigkeit dann beiden am gleichen Tage im Jahre 1252 die Erlaubnis einer selbständigen Lehrtätigkeit an der Universität zu Paris von seiten des Papstes erteilt wurde. Beide, der Dominikaner und der Franziskaner, standen im Mittelpunkt des Aufgangs eines neuen Zeitgefühls, das seinen Ausdruck in den Bettelorden fand. Und die beiden ungleichen Predigermönche, wie herkommend aus ganz verschiedenen Weltgegenden, der große, ruhige Aquinate und der lebhafte Bonaventura, zogen gemeinsam nach Rom, um die vielfach angefeindete Wirksamkeit der Bettelorden zu verteidigen. Vielleicht war es aber Thomas allein, der die allgemeine Bewegung der Bettelmönche rettete; vielleicht ruhte auf ihm überhaupt der Genius des neuen Zeitalters: arm zu sein, bitten um Geist, um das Geisteslicht, das ausgeht vom Leiden, Sterben und Todüberwinden des Gekreuzigten. So frug einmal Bonaventura den jüngeren Dominikaner nach dem Buche, aus dem er seine Gedanken schöpfe. Da zeigte Thomas auf das Bild des Gekreuzigten.[39]

Bald war der junge Dominikaner der beliebteste Lehrer in Paris. Die Sicherheit seiner Gedankenführung setzte in Erstaunen. Eigentlich hat er alle Lehrmeinungen, die er als Baccalaureus aufstellte, später beibehalten. Es schien, als habe die Gedankenkraft des Geistes in ihm selbst Gestalt angenommen. Seine Erstlingsschrift »de ente et de essentia«[40] enthält wie ein Programm bereits alle Hauptelemente des thomistischen Lehrsystems. Größte Reinheit und Klarheit wie die Luft über einer erhabenen Hochgebirgslandschaft zeichnet diese Schrift aus. Die jahrhundertealte Tradition des Gedankenlebens von Aristoteles her wird zusammengefaßt und in Keimpunkten hinüberentwikkelt für kommende Jahrhunderte. Und wenn man bedenkt, daß diese erste Einführung in die Philosophie geschrieben wurde, während um Thomas der Lärm und die mancherlei Befehdungen der Universität wogten, so gibt die Schrift ein Beispiel größter Konzentration, von der später ein zeitgenössischer Biograph[41] schreibt, Thomas sei oftmals in der Besinnung wie außer sich gewesen und habe nicht bemerkt, wie ihm beim nächtlichen Diktieren die Kerze, die er in seiner Hand gehalten, niedergebrannt sei und ihm die Finger versengt habe.

Während Thomas in Paris theologischer Lehrer war, widmete er sich auch dem öffentlichen Predigeramte. Er selbst sagte darüber, daß es ein Ziel des priesterlichen Dienstes sei, eine solche Höhe der Liebe zu erreichen, die Kontemplation Gottes zu unterbrechen, die doch die höchste Freude des Mönches ist, um in der Sorge für das Heil des Nächsten zu dienen. Solche Vollkommenheit sei dem hl. Paulus eigen gewesen, und die gleiche Vollkommenheit streben die Predigerbrüder an. Wenn Thomas die Kanzel betrat, verbreitete sich der unmittelbare Eindruck seiner großen Individualität. »Der Ruf seiner Gelehrsamkeit und Frömmigkeit, so wie der gewinnende Eindruck seiner edlen Gestalt, verlieh allem, was er sprach, eine erhöhte Bedeutung, er wurde mit jenem ehrerbietigen Schweigen angehört, mit welchem man die stille Größe eines weihevollen, tiefen Geistes und Charakters ehrt.« [42]

Im März 1256 wurde Thomas als Magister in Paris eingeführt. Papst Alexander IV., der durch außerordentliches Lob Thomas ehrte, hatte sich persönlich für die Einsetzung ausgesprochen. Am Abend vor seiner Einsetzung empfand Thomas die ganze tiefe Verantwortung, die darin liegt, Lehrer zu sein. Lange betete er in der Zelle bis in die Nacht die Worte des 11. Psalmes: »Salva me Domine quoniam diminutae sunt veritates inter filios hominum. – Rette mich, Herr, denn nur wenig Wahrheit gibt es unter den Menschenkindern . . .« [43] Die Wahrheit des Abendlandes war durch die arabistische Philosophie bedroht. Thomas bereitete sich vor, die christliche Offenbarungswahrheit durch den starken Wall der Denkkraft zu schützen und hinter diesen Mauern mit dem gleichen Denken das Gebäude des himmelaufstrebenden Domes zu errichten, das Erdenwissen mit Himmelsweisheit verbindet. Am nächsten Morgen hielt Thomas vor der Universität seine Antrittsvorlesung über den Psalm 103: »Rigas montes de conclavibus tuis, fructu operum tuorum satiatur terra. – Von Deinen Räumen aus benetzest Du die Berge, die Erde sättigt sich an Deiner Werke Frucht.« [44]

Magister sein am Konvent und am Universitätskolleg Saint Jacques, das bedeutete, das Werk Gottes aus den heiligen Schriften in einer dreifachen Art von Tätigkeit zu offenbaren: Zunächst es lesen aus einem Text als Grundlage, dann es zum Problem erheben, es zu disputieren als eine quaestio, eine Frage, dann zu predigen. Dies ist das »magisterium in sacra pagina«, das Magisteramt in der hl. Schrift, zugleich auch die Methode der Arbeitsweise der Scholastik und im besonderen des Thomas. Es ist die Zeit der großen Kommentare, sowohl der Biblischen Schriften wie der antiken Schriftsteller (Aristoteles). Das Überlieferte wird zum Problem erhoben; wo aber ein Problem ist, da ist auch ein Gebet. Thomas betet denkend, meditierend die Offenbarungsschriften und verbindet sie mit dem irdischen Gemeinwesen. Darum enthält die thomistische Anschauung so viel über die menschlichen und irdisch-weltlichen Angelegenheiten. Als ein Magister der Christenheit, der auf der Jakobsleiter des Geistes hinauf zu der denkerischen Anschauung der höchsten himmlischen Mysterien gelangt, und der von dort heruntersteigt zu den Bedürfnissen des Tages, um das ewige Licht dem Tageslicht einzufügen, erweist sich Thomas.

Unerschütterlich vertraute der junge Magister der Kraft seines Denkens und der Einsicht, die das Denken gewährt. »Fides quaerens intellectum«, der Glaube auf dem Wege zur Einsicht, das zeigt die Bemühung des Aquinaten. Als dieser einmal am Abend eines von Streitgesprächen und Disputationen erfüllten Tages von einem Vertreter des absoluten Gehorsamsglaubens angegriffen wurde, erwiderte Thomas in voller Gelassenheit: Wir haben die Wahrheit in einem leeren Kopf, wenn wir die Probleme nur auf dem Wege der Autorität lösen wollen. Ja, gerade der entschiedene, suchende Wille des Glaubens greift nach allen Gründen, die Wahrheit zu denken, welche man glaubt. Unbefangen greift Thomas zu einem Bilde des Johannes-Evangeliums, in welchem berichtet wird, daß die Jünger, weil sie die ureste Tat Christi auf Erden, welche das Prinzip, die Wirkensweise aller folgenden Taten offenbarte, schauten und erfuhren, »an ihn glaubten«: ». . . Das heißt, den starken Wein der Wahrheit mit Wasser verschneiden, wirst du sagen, nämlich den Wein des Wortes Gottes mit dem Wasser der Vernunfterkenntnis – eine verderbliche Mischung! Aber nicht doch, wenn du ein guter Theologe bist! Denn dann handelt es sich nicht mehr um Wein, der mit Wasser verschnitten, sondern vielmehr um Wasser, das in Wein verwandelt wird, wie bei der Hochzeit zu Kanaa.« [45]

Gerade durch die ununterbrochene Tiefe seines andauernden Gedankenlebens angeregt, hat Thomas ein Gebet verfaßt, in dem er Gott bittet, er möge ihm Heiterkeit verleihen, heiter zu sein ohne Leichtfertigkeit und zu reifen ohne Wichtigtuerei.

Auch bat er einmal die himmlische Welt, sie möge sein irdisches Leben nicht länger währen lassen, als seine Kraft reiche, zu lehren, und wenn diese aufgezehrt sei, so möge ihm auch das Leben wieder genommen werden. Seine Lehre aber stieß an jene Grenze, wohin das Denken in der Erfahrung reicht, wenn es sein irdisches Leben verliert und durch Tod und Auferstehung sich umbildet zu neuem Leben. An der Grenze dieses Daseins schrieb Thomas die Worte nieder, die nicht zu früh geschrieben und nicht aus Logizität, sondern nur aus Erfahrung geschrieben werden dürfen: »Hoc est ultimum cognitionis humanae de Deo: quod sciat se Deum nescire. – Dies ist das Äußerste menschlichen Gotterkennens: zu wissen, daß wir Gott nicht wissen.«[46]

Vor dieser Grenze liegt die Mühe des Gedankenvermögens, einzusehen, daß es eine göttliche Macht gibt, die im Menschengeiste als Gedanke spricht in einer so objektiven Weise, so daß Thomas sagen konnte, daß der Mensch nicht selber sich das Gesetz, den Gedanken schafft, sondern durch die Kraft der Erkenntnis, durch welche er das von einem anderen geschaffene Gesetz gewahrt, bringt er die objektive Gedankenwelt in sich zur Erscheinung. Das ist der Widerschein der Einwohnung Gottes in der Menschenseele, eine Einwohnung, die auch bewirkt, daß der Mensch, insofern er denkt, unmöglich durch die Sünde sein Gut, den Teil Gottes in ihm, verliere.

Die Erkenntnisbemühung verbindet sich bei Thomas innig mit der Ausbildung moralischer Kräfte. Der Gedanke, der sich zum Göttlichen erhebt, ist ohne die Liebe nichts: »Die Vollendung des geistigen Lebens ist nach dem Maße der Liebe zu wägen.« Vollkommen ist, wer in der Liebe vollkommen ist. Diese Lehre des Erkenntnisweges zum Geiste hat dann später Thomas in der »Summa totius theologiae« zu einem Höhepunkt geführt, handeln doch 600 von 3000 Artikeln der »Summa« von der Grundkraft der Liebe.

Obwohl der Scholastik und Thomas nichts ferner lag, als Philosophiegeschichte oder Bewußtseinsgeschichte zu schreiben, knüpfte er doch im tiefen Sinne an die Kräfte, die in der Menschheitsentwicklung walten. Durch die thomistische Erkenntnisbemühung zieht es sich wie ein roter Faden, den Einklang zu suchen zwischen dem Augustinismus, den Ideen der Kirche, hinter welchen in der Geschichte solche Gestalten wie Plotin stehen, und dem Aristotelismus, den Ideen der Philosophie, die Vernunftsgründe für ihre Überzeugung sucht. Und Thomas blickte zurück in die Geschichte der Jahrhunderte, die seinem Jahrhundert vorausgegangen waren, und dieser Rückblick wird ihm zum Aufblick zu jener inspirierenden Gestalt, auf welche innerhalb der christlichen Entwicklung des Abendlandes so vieles zurückgeht, auf die Gestalt des Dionysius Areopagita, der in Athen durch Paulus Christ wurde und auf den sich eine Schule zurückführt, die seinen Namen trägt. Dionysius lehrte zwei Wege, zum Göttlichen zu kommen: Der erste ist der rationelle durch Erkenntnis- oder Namenfindung, der andere strebt das Namenlose an. »Für ihn war die Gottheit ein Wesen, dem man sich nähern mußte auf rationellem Wege durch Namengebung und Namenfindung. Aber geht man nur diesen einen Weg, dann verliert man den Pfad, dann verliert man sich in dasjenige, was gewissermaßen der Gott-entleerte Weltenraum ist, dann gelangt man nicht zu Gott. Aber man muß ihn gehen, diesen Weg, denn ohne ihn zu gehen, kommt man auch nicht zu dem Gotte. Aber man muß noch einen anderen Weg gehen. Das ist eben der, der das Namenlose anstrebt. Geht man jeden allein, dann findet man ebensowenig die Gottheit; aber geht man beide, so kreuzen sie sich, und man findet in dem Durchkreuzungspunkte die Gottheit. Es genügt nicht, zu streiten darüber, ob der eine Weg oder der andere Weg richtig sei. Beide sind sie richtig; aber jeder einzelne, für sich gegangen, führt zu nichts. Beide gegangen, führen, wenn die Menschenseele sich im Kreuzungspunkte findet, zu dem, was angestrebt wird.«[47] Ein Licht dieser beiden Wege fällt auf die Bemühung des Thomas von Aquino, wenn er versucht, die rationelle Philosophie einer Weisheitswirklichkeit zu verbinden, die nicht im Rationellen ihren Ursprung hat.

Thomas' Aufblick zu Dionysius führte ihn u. a. dazu, die

Werke des Dionysius zu kommentieren. So schrieb der Aquinate einen Kommentar zum Buche des Dionysius »Über die göttlichen Namen«. Darin heißt es am Schluß – und es muten diese Sätze wie eine Resignation an, ist doch das Denken des 13. Jahrhunderts arm und einsam geworden, weil es herausgefallen ist aus der reichen Welt eines vormaligen Schauens –: »Und nach den Auseinandersetzungen über die Aussprüche des seligen Dionysius, hinter dessen Einsicht wir weit zurückbleiben (longe ab ejus intellectus deficientes), fordern wir dazu auf (postulamus), in dem, was wir nicht richtig gesagt haben, korrigiert zu werden. Wenn aber etwas gut gesagt ist, so ist der Dank dem Spender alles Guten zu bringen, dem dreieinigen Gott, der durch alle Weltenzeiten lebt und herrscht. Amen.« [48] Überhaupt ist wohl in diesem demütigen Aufblick zur Welt einer alten Offenbarung, diesem Aufblick, der zu verstehen sucht und sich dann niederschlägt in Kommentaren, ein charakteristischer Wesenszug des Thomismus zu suchen. Und das Gefühl, im Gedanken zunächst nicht das Einende zu haben, sondern in der Uroffenbarung des Schönen, ließ Thomas diese Worte in dem genannten Kommentare niederschreiben: »Was die Geschöpfe irgendwo als Einigendes haben, das haben sie aus der Kraft des Schönen – omnes creaturae quantamcumque unionem habent, habent ex virtute pulchri.« [48] In demselben Traktat (De Divinis Nominibus) blickt Thomas auf zu der übergedanklichen Macht der Liebe, die er »die Wohltäterin alles Seienden« nennt und aus welcher die Gottheit alles bewirkt, indem sie aus der Liebe allem das Sein verleiht. – Demütiger Aufblick, der, um Verständnis ringend, die Welt der Offenbarung sucht, die einmal im Schauen der Menschheit unmittelbar zugänglich war, das war die Mühe des Thomas.

Die Demut seiner Erkenntnissuche führte den Aquinaten immer wieder zum Gebet. Er schreibt überhaupt nichts, ohne sich vorher in der Bitte um Erleuchtung zur Jungfrau Maria zu wenden. War die Einsicht noch dunkel, legte er sich viele Tage strenges Fasten auf. Der zeitgenössische Biograph Wilhelm von Tocco schreibt darüber: »Als der Bruder Thomas über Isaias schrieb und die tiefen Geheimnisse des Propheten erklärend und schreibend ans Licht hob, stieß er auf einen Text jenes Buches, den er nicht verstand. Und da er keine Erklärung der Worte fand, die ihn befriedigte, legte er sich viele Tage lang Fasten und Gebet auf. Sein inständiges Gebet erlangte, daß Gott ihm mündlich seinen Zweifel löste, so wie er es fromm im Gebet erfleht hatte. Denn eines Nachts hörte der vorgenannte Gefährte Reginaldus ihn, der tagsüber fromm gefastet hatte, mit jemandem sprechen, wußte aber nicht, mit wem. Er vernahm zwar den Laut der Rede, verstand aber den Gegenstand nicht, um den das Gespräch sich drehte. Als das Gespräch beendet war, sagte der vorgenannte Lehrer zu seinem Gefährten: ›Mein Sohn Reginald, steh auf, zünde die Kerze an, nimmt das Heft, in dem du über Isaias geschrieben hast, und mache dich noch einmal fertig zum Schreiben.‹ Dieser schrieb rasch auf, was der Lehrer mit solcher Leichtigkeit diktierte, als läse er in einem Buche. Nach einer Stunde sagte der Lehrer seinem schreibenden Bruder: ›Mein Sohn, geh nun schlafen, denn es bleibt nicht viel Zeit übrig zur Ruhe!‹«[49]

In solcher Art Erkenntnis zu suchen, machte ihn fähig, Göttliches in sich aufzunehmen, so daß sich an ihm selbst sein Wort bewahrheitete: »humilitas facit hominem capacem Dei – Demut macht den Menschen fähig, Gott in sich aufzunehmen.« Diese Demut hatte ihn einst aus vornehmem Hause zu den Bettelmönchen geführt, jetzt vermittelte sie ihm den Weg zur Erleuchtung des Geistes. Es gibt Bilder, die den Aquinaten zeigen mit seinem Blicke wie lauschend über einem aufgeschlagenen Buche, an seinem Ohr aber befindet sich eine weiße Taube, die Einsprechung des Hl. Geistes darstellend.[50]

»Der stumme Ochse« hatte man ihn genannt, als er zum ersten Male nach Paris kam. Schweigend sein, im Hören die Weisheit vernehmen und dann erst sprechen – das ist die Tugend der Prediger. In einem Entwurf zu einer Predigt schrieb Thomas: »Jeder Mensch sei schnell, zu hören; langsam aber, zu reden. Jakobus-Brief, 1. Der Apostel Jakobus mahnt uns in diesen Wor-

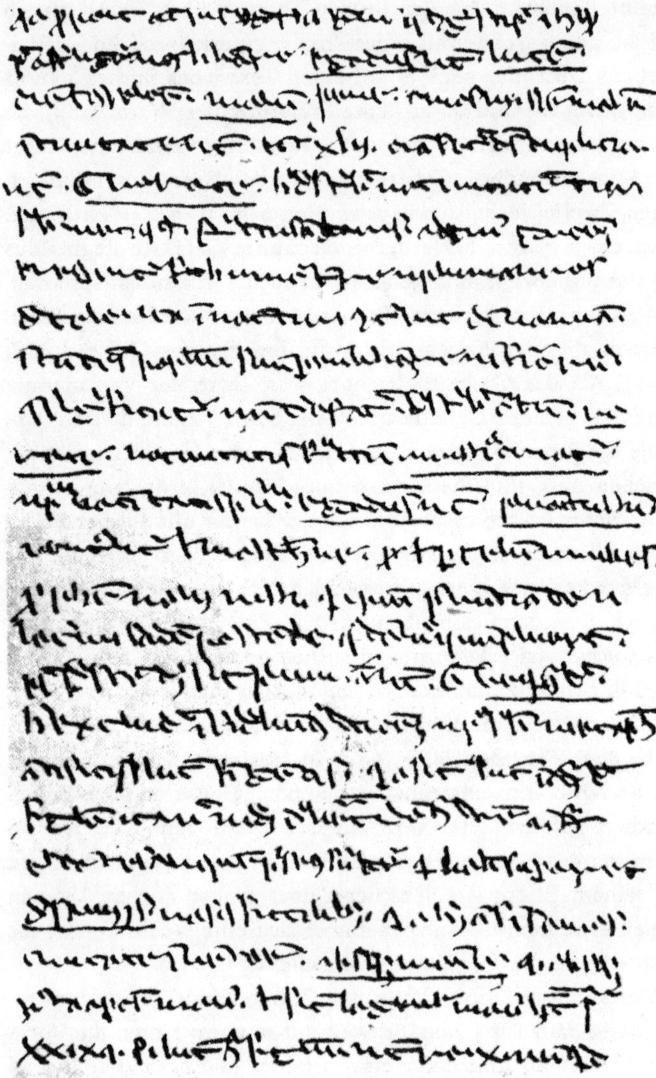

Handschrift des Thomas (Isaias-Kommentar).

ten, flinker zu sein beim Hören als beim Reden. Und dazu soll uns (neben anderen Beweggründen) das Zeugnis der Natur bewegen. Denn die Natur lehrt uns dreifach, mehr zu hören als zu reden. Erstens, weil die Natur dem Menschen ein doppeltes Werkzeug zum Hören, aber nur eines zum Reden gab; daß gerade dadurch gezeigt sei, daß der Mensch doppelt so viel hören als reden solle. Zweitens, weil die Natur den meisten beseelten Lebewesen Gehör, doch nur dem Menschen, dem vernunftbegabten Wesen, Sprache gab; daß dadurch gezeigt sei: daß die Rede vernünftig sein soll. Drittens, weil die Natur die Hörwerkzeuge als stets offene gab, das Sprechwerkzeug aber unter zwei Riegeln oder Mauern versperrte; denn der Mensch hat stets die Ohren offen, die Zunge aber versperrt hinter Lippen und Zähnen; denn die Zunge ist so etwas wie eine schlimme Nonne – ›mala monacha‹ –, und so sperrte sie Gott hinter mehrere Riegel ...«[51]

Die Ruhe und Gelassenheit des dominikanischen Magisters waren unerschütterlich, in der Disputation oder auch während der öffentlichen Predigt. Als er einmal in Paris am Palmsonntag predigte, geschah es, daß ein Universitätsbeamter in die Kirche trat und Thomas Schweigen gebot, um ein Universitätsdekret gegen die Bettelmönche vorzulesen; denn damals wogte noch ein heftiger Streit zwischen der Universität und dem Bettelorden. Thomas hielt ruhig inne und schwieg und setzte dann seine Predigt ohne das geringste Zeichen des Unwillens fort.[52]

Als er am Ende seines zweiten Aufenthaltes in Paris die »Summa contra Gentiles« (»Wider die Heiden«) schrieb, arbeitete er unermüdlich und schlief nur sehr wenig. Ja, es kam vor, daß er noch im Schlafe weiterdiktierte. Seine Konzentration war unbeschreiblich – diktierte er doch oft gleichzeitig vier Schreibern – und unbekümmert um äußere Wirrnisse. Häufig verfiel er in Entrückung seines Geistes. Einmal seien ihm während der Nacht, da er um Erleuchtung gebetet habe, Petrus und Paulus erschienen, um ihm bei der Erläuterung einer Schriftstelle zu helfen. Dies vertraute Thomas einem Bruder an. Wenn man aber später darauf kam, daß Thomas solche Schauungen gehabt habe, dann litt er Ängste, es könne darüber etwas Breites geredet werden. Äußerst behutsam und demütig war er gegenüber der Offenbarung des Geistes und vor allem gegenüber Verlautbarungen solcher Erscheinungen. Und nur aus solcher Zartheit seines Wesens heraus ist es zu verstehen, daß so wenig Schauungen von ihm überliefert sind.

Tags arbeitete Thomas schwer, obwohl niemand jemals Hast bemerkt hat. Während eines großen Teiles der Nacht diktierte er einem Bruder oder betete am Altar. »Nach dem Beispiele des heiligen Patriarchen Dominikus brachte er oft einen großen Teil der Nacht am Fuße der Altäre zu, in die Anbetung des hochheiligen Fronleichnams versunken; wenn er am Altare die Geheimnisse der Erlösung feierte, war sein Gemüt von erhabenen Rührungen bewegt, welche über sein Angesicht einen verklärenden Schimmer verbreiteten; nach Vollendung der heiligen Handlung pflegte er einem anderen Priester am Altare zu dienen, um in stiller Sammlung die Stimmungen, die ihn während des Opfers beseelt, in sich zu wiederholen und der geheimnisvollen Nähe des Allerhöchsten sich noch länger zu erfreuen. So ward er, ein Engel im Fleische, den himmlischen Geistern ähnlich, die am Throne des Allerhöchsten dienen und die dem irdischen Auge unter mysteriöser Hülle erscheinende Herrlichkeit Gottes in ihrer unverhüllten Wesenheit anschauen.«[52]

Wenn Thomas nicht in Kontemplation versunken war, schrieb oder diktierte, dachte er unaufhörlich nach. Dabei war sein Denken voller innerer Bewegung, die volle Anteilnahme der Seele weckend und voll Sorge um den geistigen Bestand des christlichen Abendlandes. Weder in der Vergangenheit weilend, noch Zukünftiges vorausnehmend, sondern in der wahren Geistesgegenwart seines Zeitalters lebend, fühlte er seine Mission. So kam es, daß er das Bollwerk seines Denkens nicht nur gegen den arabischen Einfluß aufrichtete (»contra gentiles«), sondern auch richtete gegen Geistesströmungen, die vergangene Bewußtseinsartung hineintrugen in die Gegenwart des 13. Jahrhunderts und so möglicherweise hinderten, daß das Zeitalter seine Mission gefunden hätte. Demgegenüber konnte das unablässige tiefe Denken des Thomas streitbar werden:

Einmal war Thomas an den Hof des hl. Ludwig von Frankreich eingeladen. Der große, verschwiegene Mönch war ungern gekommen, da jede Einladung sein Denken störte. Doch war er um des Gehorsams willen gegangen. Die Tafel und Gesellschaft des Königs war reich und prachtvoll. Still hatte Thomas in der Kutte der Bettelmönche in all dem Stimmengewirr gesessen. »Die dreieckigen Schilde, die Wimpel und spitzen Speere, die dreieckigen Schwerter der Kreuzzüge, die spitzen Fenster und die hohen Hauben zeigten alle jenen neuen französischen Geist des Mittelalters, der in jeder Hinsicht eine Spitze erreicht hatte. Die Farben der Kleider waren heiter und mannigfaltig und gaben unverhüllt ihren Reichtum kund. Denn der hl. Ludwig, der selbst in hohem Maße die Eigenschaft besaß, den Nagel auf den Kopf zu treffen, hatte zu seinen Höflingen gesagt: ›Eitelkeit soll man vermeiden, aber jeder Mann soll sich gut und entsprechend seinem Range kleiden, so daß es für seine Frau leicht ist, ihn zu lieben.‹

Da plötzlich klirrten und hüpften die Becher auf dem Tisch, und die große Tafel erzitterte, denn der Mönch hatte mit einem Krach, der gleich einer Explosion wirkte und jedermann entsetzte, mit seiner riesigen Faust wie mit einer Steinkeule daraufgeschlagen. Und dazu schrie er laut, doch mit ferner Stimme, wie ein Mensch, der im Traume aufschreit: ›Das muß die Manichäer erledigen!‹ Der Palast eines Königs hat seine Konventionen, selbst wenn dieser König ein Heiliger ist. Der ganze Hof war förmlich erschlagen, und jedermann hatte das Gefühl, der dicke Mönch aus Italien habe König Ludwig einen Teller an den Kopf geworfen oder ihm die Krone heruntergeschlagen. Alle blickten ängstlich zu dem Sitze hin, der ein Jahrtausend hindurch der furchterregende Thron der Capetinger war, und wahrscheinlich waren mehrere schon bereit, den großen Schwarzrock aus dem Fenster zu werfen. Aber in der Seele des hl. Ludwig, so einfältig sie auch sein mochte, lebte nicht nur das Ehrgefühl und die Barmherzigkeit des Mittelalters, sondern auch jene französische Ironie und Höflichkeit, die alle Zeiten überdauerte. Und so wandte er sich zu seinen Schreibern und befahl ihnen mit lauter Stimme, sich mit ihren Täfelchen in die Nähe des geistesabwesenden Gelehrten zu setzen und das Argument, das ihm gerade eingefallen war, aufzuschreiben, denn es sei gewiß ein sehr gutes, und er könne es vielleicht vergessen.«[53]

1259 fing Thomas an, in Paris seine »Summa philosophiae de veritate fidei catholicae contra gentiles« zu schreiben, in welcher der Kampf der »ecclesia militans« geführt wird gegen die arabische Verführung, in welcher Schrift aber auch die Grundpfeiler errichtet werden für die »ecclesia triumphans«, die dann in der »Summa Theologica« aufgeführt wird in all ihrer Größe[54] wie ein gotischer Dom und in Unvollendetheit, wie auch diese bei gotischen Domen zu finden ist. Als Motto setzte Thomas über die Schrift »Wider die Heiden«: »Mein Kehlkopf wird die Wahrheit meditieren, und meine Lippen werden das Unfromme durch Zeugnis zunichte machen.«[55] Die Lippe, die gegen das Unfromme sprechen muß in der Verteidigung, offenbart den Kampf der »ecclesia militans«, auf welchem im Frieden das Gebet des Kehlkopfes errichtet wird, das im Kultusworte am Altar durch heiligen Geist ertönt und in den eucharistischen Hymnen des Thomas.

Drei Jahre lehrte der Aquinate als Magister an der Universität von Paris. Dann wurde er von Papst Urban IV. an dessen Hof nach Orvieto und Viterbo berufen. 1264 verfaßte Thomas das Fronleichnamsoffizium. Von nun an war der Lehrer der Christenheit nie mehr länger als zwei oder drei Jahre im gleichen Amt oder Ort geblieben. Zum heimatlosen Wanderer über die Erde wurde der große Lehrer bis an das Ende seines Lebens.

VI.

Als die wesentliche Frage der Scholastik, der Philosophie des 12., 13. Jahrhunderts – und Albertus Magnus und Thomas von Aquino standen auf dem Gipfel dieser Philosophie – wurde empfunden: Wie verhält sich das Einzelne oder die Sinneserscheinung und das Allgemeine oder der Begriff zum Sein, jenem Sein, das die Griechen in aller Lebendigkeit des Gedankens und Anschaulichkeit in ihren bedeutenden Philosophien suchten? »Diese Lebendigkeit, welche in Griechenland dem Gedanken den Charakter einer Wahrnehmung gab, ist im Mittelalter schon nicht mehr vorhanden. Was sich vollzogen hat, ist dieses: So wie in den griechischen Zeiten der Gedanke in die menschliche Seele hereinzog und das alte Bildvorstellen austilgte, so zog in den Zeiten des Mittelalters in die Seelen das Bewußtsein vom ›Ich‹ ein; und dies hat die Lebendigkeit des Gedankens abgedämpft; es hat ihm seine Wahrnehmungskraft genommen. Man kann nur erkennen, wie das Weltanschauungsleben fortschreitet, wenn man durchschaut, wie der Gedanke, die Idee für Plato und Aristoteles in der Tat etwas ganz anderes waren als für die Persönlichkeiten des Mittelalters und der neuen Zeit. Der Denker des Altertums hatte das Gefühl, der Gedanke werde ihm gegeben; der Denker der späteren Zeit hat das Gefühl: er bilde den Gedanken; und so entsteht für ihn die Frage: welche Bedeutung für die Wirklichkeit kann dasjenige haben, was in der Seele gebildet wird? Der Grieche empfand sich als Seele abgesondert von der Welt; im Gedanken suchte er sich mit der geistigen Welt zu verbinden; der spätere Denker fühlt sich mit seinem Gedankenleben allein. So entsteht das Nachforschen über die ›allgemeinen Ideen‹. Man fragt, was habe ich in ihnen denn eigentlich gebildet? Wurzeln sie nur in mir, oder deuten sie auf eine Wirklichkeit?«[56]

Die Frage nach dem Sein, der Wirklichkeit, hatte sich seit dem Ende der griechischen Philosophie allmählich verschoben. Empfand der Grieche den Seinscharakter der Begriffe und Ideen als etwas wie von der »Natur« Gegebenes, und stand es also außer Frage, ging doch die Frage vielmehr dahin, ob der Sinneserscheinung Sein zuzuschreiben wäre, so frug die mittelalterliche Philosophie nach dem Sein der Begriffe, und dasjenige der Sinneserscheinung wurde immer fragloser. Dem mittelalterlichen Denker, der mit der Kraft des aufkommenden Selbstbewußtseins die Gedanken selber bildete, mußte die Realität dieser selbstgebildeten Gedanken fragwürdig erscheinen. Der Kampf um die Wirklichkeit der Begriffe, der Universalien, der im 12. und 13. Jahrhundert sich mit aller Heftigkeit abspielte, ist in die Geschichte des menschlichen Bewußtseins als Universalienstreit eingegangen. Daß dies nicht nur ein Mönchsstreit war, offenbart die Geschichte bis in die Gegenwart.[57]

Innerhalb dieses Universalienstreits standen sich zwei miteinander ringende Weltansichten gegenüber: Der Realismus, der in den Begriffen Wirklichkeiten sah, und der Nominalismus, der nur das Namhafte (nomina) des Gedankens finden konnte. Der Realismus entwickelte einen einleuchtenden, wenn auch komplizierten Gedankengang seiner Weltanschauung: »Indem er den Begriffen in der menschlichen Seele die Formen in den Dingen und diesen wieder die urbildlichen Ideen im göttlichen Geiste entsprechen ließ, erhielten die menschlichen Begriffe eine Wirklichkeitsstütze durch die Natur hindurch von einem göttlichen Erkennen her. Durch eine so komplizierte Vermittlung mußte also dem Begriff jetzt die Wirklichkeitsbedeutung gewährleistet werden, die er unmittelbar durch sich selbst nicht mehr offenbarte.«[58] Der Nominalismus dagegen bildete den weltanschaulichen Hintergrund der scholastischen Jahrhunderte in Erkenntnisresignation. »Das ist im Grund genommen eine bedeutsame Tatsache, denn man sieht: Der Nominalismus, wie er zum Beispiel bei Roscelin aufgetreten ist – dem selbst die Trinität auseinandergefallen ist wegen seines Nominalismus –, dieser Nominalismus wird nur unterbrochen durch die intensive Gedankenarbeit des Albertus Magnus und Thomas von Aquino und einiger anderer, und gleich fällt die europäische Menschheit wiederum zurück in den Nominalismus; in jenen Nominalismus, der im Grunde genommen ist die Unfähigkeit der sich immer mehr und mehr heraufringenden Individualität des Menschen, die Unfähigkeit, das, was er im Geiste als Ideen gegenwärtig hat, zu fassen als eine geistige Realität; es so zu fassen, daß es etwas ist, was lebt in dem Menschen und lebt in einer gewissen Weise auch in den Dingen. Die Ideen werden von Realitäten sogleich wiederum zu Namen, zu bloßen leeren Abstraktionen.«[59] Von Roscelin, der im 11. Jahrhundert lebte, und der in den Universalien nur Worte sah – und der auch in der Dreieinigkeit z. B. nur ein zusammenfassendes Wort sah ohne Wirklichkeit, seine Anschauung wurde zwar von der Kirche für Häresie erklärt, aber diese wahre Häresie wirkte weiter – bis hin zu William von Occam, der im 14. Jahrhundert in München als Nominalist gestorben ist, reichte der kirchlich-philosophische Nominalismus, ja im Grunde noch weit darüber hinaus, in allen möglichen Vermummungen sich verbergend.

In diesem Strom der Erkenntnisresignation des Nominalismus standen Albertus und Thomas, im Grund zwei weithin sichtbare Einsame in ihrem Zeitalter, denen die Frage nach der Realität der Universalien das wichtigste Problem war, dem sie ihr Dasein widmeten und opferten, galt es doch, durch eine Zeit der geistigen Verfinsterung die Wirklichkeitserkenntnis hindurchzuretten.

Beide errichteten nun jenes großartige System der Gedankenfolge, in welchem dem menschlichen Begriff »eine Wirklichkeitsstütze durch die Natur hindurch von einem göttlichen Erkennen her« errichtet wird: Indem der Mensch vor einem Dinge steht und es erkennt, hat er nicht nur einen Namen dessen in der Seele, worauf der Gedanke sich richtet, sondern er erkennt an dem Ding sein Geistiges, welches in der Form der Universalien post res (nach den Dingen) in seiner Seele erscheint. Diese Form der Universalien aber offenbart zugleich, daß der Gedanke eines Gegenstandes auch in den Dingen liegt wie ein Ankergrund der Universalien nach den Dingen: es offenbaren sich die

Universalia in rebus (in den Dingen). Nun zeigte aber die Philosophie des Abendlandes der vorausgegangenen Jahrhunderte (Plotin), daß die intelligible, die geistige Welt sich individualisierend ausströmt in den Dingen. Die intelligible Welt und die physische Welt, sie sind der Form nach verschieden, dem Inhalte nach aber sind sie die eine Welt. Für die Universalienlehre des Realismus heißt dies: gibt es universalia in rebus, so gibt es auch universalia ante res (vor den Dingen), und beide sind dem Inhalte nach gleich, nur der Form nach verschieden. Das gilt auch für die erstgenannte Art der Universalia, so daß das Sein der Welt, der Inhalt in dreifach verschiedener Form sich offenbart, aber es ist doch das gleiche Sein. So wurde von Thomas von Aquino und Albertus Magnus für die menschlichen Begriffe (post res) eine Wirklichkeitsstütze durch die Natur hindurch (in rebus) von einem göttlichen Erkennen her (ante res) errichtet, welche eine Stütze des menschlichen Seelenlebens überhaupt war, wollte es nicht Gefahr laufen, sich zu verlieren. Logisch-intensiv wurde die menschliche Seele geknüpft an das Sein der Welt. »Es ist heruntergeholt das Problem, das früher durch Schauen abgemacht wurde, in die Sphäre des Denkens, in die Sphäre der Ratio. Das ist das Wesen des Thomismus, das Wesen des Albertinismus, das Wesen der Hochscholastik.«[60]

Unter den Nominalisten besaß im 12. Jahrhundert die Philosophie des arabischen Philosophen Ibn Roschd (Averroes, geb. 1126 in Cordoba, gest. 1198 in Marokko) Autoritätscharakter.[61] Averroes kommentierte Aristoteles auf seine Weise, manche der aristotelischen Werke lagen zunächst nur in arabischer Übersetzung vor. Aus der ganzen Haltung, die Averroes der Universalienfrage gegenüber einnahm, und er anerkannte nur die Universalien nach den Dingen in Inhalt und Form als Namen, mußte Averroes annehmen, daß dem Menschengeschlecht ein gemeinsam universeller Verstand angehört, der dem Einzelmenschen für die Dauer seines irdischen Daseins nur die Namen der Dinge in die Seele lege. Diese allgemeine Intelligenz werde im Tode von dem einzelnen Menschen wieder abgehoben, weshalb kein individuelles Fortleben der Seele nach dem Tode möglich sei.

Averroes verehrte, weil er annahm, daß Aristoteles eine Fülle dieser unindividuellen Intelligenz »eingeatmet« hätte, Aristoteles als ein göttliches Wesen, das, ohne daß eine Entwicklung noch möglich sei, die Wissenschaft vollendet habe, und daß es die Aufgabe der Philosophie nur noch sein könne, Aristoteles auszulegen, und jede Verschiedenheit könne nur noch eine Unterscheidung zwischen Kommentaren sein. Es war selbstverständlich, daß die aus dem Arabischen genommene Übersetzung, die bisher allein vorlag und die islamische Tendenzen in sich barg, durch eine neue ersetzt werden mußte.

Der gewaltigen Arbeit einer neuen Aristoteles-Übersetzung in verhältnismäßig kurzer Zeit unterzog sich der Ordensbruder und Freund des Thomas, der zugleich mit ihm in Rom weilte, Wilhelm von Moerbaeke. Nun erst konnte in umfassendem Sinne die kommentierende Arbeit des aristotelischen Textes durch Thomas beginnen, wodurch Aristoteles endgültig in das christliche Lehrsystem einbezogen wurde – ein Vorgang, der die »Taufe des Aristoteles« genannt wurde. Der Schrecken vor dem Heiden Aristoteles wich allmählich und offenbarte sich als das, was die Furcht eigentlich war: ein berechtigter Schreck vor Mohammed und dem Islam, der wie ein alles Leben verdorrender Wind aus der Wüste wehte. Man wehrte sich gegen die islamische Verführung durch Bann und Verurteilung von höchster kirchlicher Stelle, und ehe Thomas den Aristoteles »getauft« hatte, standen die beiden aufrechten Dominikaner-Mönche Albertus und Thomas immer in der Gefahr, von dem Blitz der Verurteilung mitgetroffen zu werden, hatte doch die islamische Verirrung bereits weite Kreise des christlichen Abendlandes durch die Dürre des Nominalismus getroffen.

Albertus Magnus war der erste Scholastiker, der die aristotelische Philosophie unter Mitberücksichtigung der Kommentare aus arabischer Hand mit den Offenbarungen und Dogmen der Kirche zu versöhnen suchte. Er entschied die Frage nach den

Universalien in jenem dreifachen Sinne, den das Wirkliche seiner Form nach annimmt: als universale ante rem, als universale in re, als universale post rem. Es war eine Gunst des Schicksals, daß Albertus durch seine Vorarbeiten der Lehrer des Aquinaten wurde.

1256, als Albertus auf der Höhe seines Ansehens stand, nahm er durch die Schrift »De unitate intellectus contra Averroistas« eine erste Stellung gegen den lateinischen Averroismus. Dies geschah auf Bitten Papst Alexanders IV. am päpstlichen Hof zu Anagni, an welchem sich vorübergehend Albertus befand. Zehn Jahre später sollte es zu jener empfindlichen und gefährlichen Krise um Siger von Brabant kommen, die Thomas zu bestehen hatte. Dieser hatte schon als Magister in Paris die »Summa contra gentiles« geschrieben und sie in der Adresse an die Gentiles, gegen die islamische Infiltration, gerichtet. Die arabische Kultur und Zivilisation, von weit überlegenem Reichtum gegenüber dem christlichen Abendlande, drohte dieses zu überschwemmen und sich selbst zu entfremden. Gewaltig und mannigfaltig waren die Anstrengungen der Araber. Ihnen entgegen standen nur Albertus und Thomas, letztlich sogar nur Thomas allein, der in übermenschlicher Leistung gegen eine Welt ankämpfte. Es gibt Bilder, die dieses in ergreifender Weise ahnen lassen, wie die »Gloria dominicana«, die sich in Santa Maria Novella in Florenz befindet.[62] Auf dem Bilde diskutiert Thomas mit arabischen Gelehrten, deren Verfinsterung auf ihren Gesichtern zu sehen ist, einige bekehren sich zu dem christlichen Lehrer, deren Gesichtsausdruck Hingabe und Erfüllung zeigt. Darunter kämpfen die schwarz-weißen Hunde (»domini canes«) gegen den Einfall der Wölfe jenen Kampf, von welchem das Abendland jener Jahrhunderte widerhallte und der bis heute noch nicht ausgekämpft ist.

Die »Summa contra gentiles« war nicht speziell gegen Averroes, wohl aber wie vorbereitend gegen die Gesamtheit der Häresie gerichtet, gegen Juden, Heiden und Moslems. Thomas, der selber keine Missionsreise unternommen und kein Wort über die Kreuzzüge gesagt hatte, überschaute ständig das geistige Gebiet seiner Mission, indem er dauernd die Werke der islamischen Philosophen studierte. Ein geistig weltumfassendes Christentum rang sich in ihm zur Offenbarung, ihm sollte die Mauer und dann der Dom in seiner weiten Sichtbarkeit errichtet werden. Die Grundfesten der Mauer zu errichten, galt es, dem Islam Aristoteles zu entringen und ihn darzustellen, wie er wirklich ist und nicht, wie ihn die Araber meinen sehen zu sollen; denn Averroes ist nicht der Erklärer, sondern der Verderber des Aristoteles. Dabei geht Thomas in der Widerlegung der Araber Schritt für Schritt, die Erhellung des Geistes bewirkend, vor; denn »Bruder Thomas widerlegt einen Gegner, wie man einen Schüler unterrichtet«.[63]

Schon in seiner ersten Schrift »de ente et de essentia« hatte Thomas das Problem der Universalien gestreift und gegen die unindividuelle Einheit des Intellektes, welche die Araber annahmen und meinten postulieren zu müssen, seine Argumentation gestellt, die dann hinführte zur Aufstellung der dreifachen Form der Wirklichkeit in den Universalien. »Wenn der Aquinate dem Satze des Averroes beipflichtet, der Verstand erzeuge den Allgemeinbegriff (agit universalitatem), so wird damit keineswegs dem Nominalismus das Wort geredet. Averroes glaubte, um dem Einwand zu entgehen, daß durch eine solche Auffassung alle Allgemeingültigkeit aufgehoben und dem Subjektivismus der Weg freigegeben sei, eine Zuflucht zu der Lehre von der ›Einheit des Intellektes‹ nehmen zu müssen, die Thomas hier kurz, anderweitig ausführlich, zurückweist und die schon Gulielmus Parisiensis und Albertus Magnus zur Abwehr veranlaßt hatte. Thomas argumentiert so: Gewiß ist es der Verstand des einzelnen Menschen, der den Allgemeinbegriff bildet; aber er tut dies auf Grund der dieses Wesen an sich tragenden konkreten Individuen in Übereinstimmung des Begriffes mit der Beschaffenheit der Gegenstände. Den Begriff des ›verschiedenen Individuen gemeinsamen Wesens‹ gewinnen wir vermöge der Feststellung von Gemeinsamkeiten an diesen Individuen; erzeugen kann das Denken den Begriff des Wesens nur, weil dieses in den Individuen real vorhanden ist. Diese Wirklichkeit in den Dingen ermöglicht erst das Entstehen des Begriffes.

Wir haben hier jene Auffassung des universale vor uns, der Thomas auch späterhin treu geblieben ist: das Allgemeine ist ›vor den Dingen‹ (ante rem) als Schöpfergedanke Gottes, ›in‹ ihnen (in re) als das von den realen Einzelnen getragene Wesen und ›nach‹ ihnen (post rem) als der im einzelnen denkenden Geist gebildete Begriff.«[64] Dabei ist ein sich entwickelnder, werdender, geschichtlicher Aspekt in dieser Universalienlehre unverkennbar, er ist zwar nicht menschliche Geschichte, aber doch Geschichte des Geistes im Kosmos oder des Kosmos selber. Die drei Formen der Universalien folgen nacheinander: von einer Vor-Schöpfungswelt zur Schöpfung und zum menschlichen Bewußtsein, und dieses menschliche Bewußtsein hat zum Inhalt die Schöpfung und die Vor-Schöpfungswelt. Das Werdende, Sich-Entwickelnde mußte dem Islam in dieser Form als völlig undenkbar erscheinen, dachte doch Averroes Aristoteles als den Vollender des Wissens ein für allemal. Der Realismus blickte auf die sich entwickelnden Universalien, ihm bieten sie unendliche Möglichkeiten des Erkennens in der Zukunft. Dem Nominalismus ist die Entwicklung gestorben, ihm ist sie kein Weg, den die Erkenntnis beschreiten kann, sondern nur, wenn überhaupt, eine Benennung. Der Realismus des Thomas ist die Form, in welcher der christliche Entwicklungsgedanke und in welcher die christliche Entwicklungstatsache im Zeitalter der Scholastik allein auftreten konnte.

Die Universalienlehre des Realismus vermittelt aber auch als einzige ein Abbild vom »Bau der Welt«, in welchem der Mensch sinnvoll eingefügt ist und als Erkennender teilhat und mitbauen kann in der Offenbarung des Geistes in der Erdenwelt: »Da die Dinge Geschöpfe Gottes sind – wie das Haus Geschöpf des Architekten wäre, wenn er auch den ganzen Baustoff aus dem Zustand völliger Formlosigkeit erbildet hätte –, ist ihr Wesen, ihre ›substantia‹, zwar in sie ›hineingelegt‹ – als ›universalia in rebus‹ – und kann in ihnen vom Menschen durch das ›lumen naturale‹, das Verstandeslicht, ›innerlich gelesen‹ und als ›universalia post res‹ zu seelischem Besitz gemacht werden. Aber zuvor ruhte das Wesen der Dinge in Gott, der es im Selbst-Intelligieren durch das ›lumen gloriae‹, das Glorienlicht, schaute (mit einem Blick das Ganze und jedes Einzelne, so daß der Unterschied von universeller und spezieller Form noch gar nicht Platz hat). Beim Übergang des Schöpfungsplanes in den Bereich des mittleren Lichts, des ›lumen gratiae‹, des den Hierarchien eingegossenen Gnadenlichts, tritt die Spaltung in ›Morgenerkennen‹ (cognitio matutina) und ›Abenderkennen‹ (cognitio vespertina) ein, von denen das erste aus dem Universellen ins Spezielle vorwärts, das zweite aus dem Speziellen ins Universelle rückwärts geht.«[65] »So führt die thomistische Erkenntnislehre von Gott, der in einem Intelligieren alle Einzelheiten umfaßt, über die reinen Geister, die zum Intelligieren immer unkräftiger werdender ›Universalien‹ bedürfen, zum Menschen, der sich die Universalien vom Boden auflesen muß, indem er aus den Dingen durch die Sinne die Sinnesnachbilder (phantasmata), aus diesen durch den intellectus agens die Spezialbegriffe (species), und daraus durch den intellectus possibilis die Universalbegriffe (universalia) löst, mit denen er denkend – nicht schauend – durchs Reich der Geister seinen Erkenntnisdom zum Himmel türmt.«[65]

Nach der Mitte des 13. Jahrhunderts spitzte sich der Kampf um die Auffassung der Wirklichkeit der Universalien, jener Kampf um den »lateinischen Averroismus«, immer mehr zu. Der Exponent des lateinischen Arabertums war der Sophist Siger von Brabant, ein Agnostiker des Nominalismus. Sein Einfluß war groß, das Geistreiche seines Wesens schien überzeugend, und der innere Hochmut, der von aller arabischen Verführung ausgegangen ist, unverkennbar. Demgegenüber war Thomas voller Bescheidenheit, sein großer Ernst, der sich bewußt war, für die Philosophie des Christentums leben zu müssen, gestattete sich weder Witz noch Geistreichigkeit. Thomas pflügte seinen Acker und arbeitete schwer in der Hitze des Tages wie ein Landmann, der abends betet und für alles, was jenseits der Arbeit und des Gebetes liegt, einfach keine Zeit hat.

Siger von Brabant aber war einer jener Klugen, die glaubten, viele Äcker bearbeiten zu können, ohne sich an das Gebet um Wetter und Gedeihen halten zu müssen, so scheinen sie fleißig zu sein, aber in ihrer Willkür bringen sie auch noch die Äcker durcheinander und verleumden den ehrbaren Stand des Landmannes, tragen sie doch seine Tracht. – Thomas entfaltete seinen Grundgedanken etwa so: »Der Wissenschaftler solle die Freiheit haben, zu forschen und zu untersuchen, solange er nicht eine Unfehlbarkeit und Endgültigkeit beansprucht, die er nur im Widerstreit zu seinen eigenen Prinzipien beanspruchen könnte; hingegen habe die Kirche die Lehre von den übernatürlichen Dingen zu entfalten und zu definieren und könne dabei nicht das Recht beanspruchen, das überlieferte Glaubensgut zu verändern, da ein solcher Anspruch ihren wesenseigenen Prinzipien widerspräche. Und als er dies gesagt hatte, erhob sich Siger von Brabant und sagte etwas, was so entsetzlich ähnlich und zugleich so entsetzlich verschieden ist, daß er, gleich dem Antichrist, selbst die Auserwählten hätte täuschen können.

Siger von Brabant erklärte folgendes: Die Kirche muß im Theologischen recht haben, aber wissenschaftlich kann sie irren. Es gibt zwei Wahrheiten, die der übernatürlichen Welt und die der natürlichen Welt, welche der übernatürlichen Welt widerstreitet. Wenn wir auf natürlichem Boden stehen, können wir glauben, daß das Christentum vollkommen unsinnig ist, wenn wir uns aber daran erinnern, daß wir Christen sind, müssen wir zugeben, daß das Christentum die Wahrheit enthält, selbst wenn es Unsinn ist. Mit anderen Worten, Siger von Brabant spaltete den Kopf des Menschen in zwei Teile wie jener Schwerthieb in der alten Sage und erklärte, daß der Mensch zwei verschiedene Denkvermögen habe. Mit dem einen müsse er fest und zweifelsfrei glauben, mit dem anderen möge er immerhin ganz ungläubig sein. Vielen Menschen würde das zum mindesten wie eine Parodie auf den Thomismus erscheinen. In Wahrheit jedoch war es ein Mordanschlag auf den Thomismus. Man hat es hier nicht mit zwei Wegen zu tun, die nach ein und derselben Wahrheit streben, sondern nur mit einem unwahren Weg, der uns vortäuschen will, daß es zwei Wahrheiten gebe. Und es ist außerordentlich interessant festzustellen, daß dies die einzige Gelegenheit ist, bei der der ›stumme Ochse‹ sich wirklich wie ein wilder Stier gebärdete. Als er sich erhob, um Siger zu antworten, schien er vollkommen verwandelt, und der Tonfall seiner Sätze war plötzlich ein ganz anderer. Gegen keinen seiner theoretischen Widersacher war er jemals zornig gewesen. Aber diese hatten die schlimmste Verräterei versucht, sie gaben vor, er sei ihrer Meinung.«[66]

Es war das zweite und letzte Mal, daß Thomas Zorn erfüllte: das erste Mal war es, daß er im Zorn erbebte, als seine Brüder ihm damals in der Gefangenschaft die Kurtisane hereinführten und er den Fackelbrand schwang. Und dieses zweite Mal schwang Thomas das Feuer seiner zornigen Rede: »Beachtet unsere Zurückweisung dieses Irrtums. Sie ist nicht auf die Urkunden des Glaubens gegründet, sondern auf die Gründe und Beweise der Philosophen selbst. Wenn aber irgend jemand, der sich prahlerisch seiner vermeintlichen Weisheit rühmt, dies, was wir geschrieben haben, angreifen will, so möge er das nicht in irgendeinem heimlichen Winkel tun oder vor Kindern, die unfähig sind, in so schwierigen Fragen zu entscheiden. Er möge offen antworten, wenn er es wagt. Er wird mich bereit finden, ihm entgegenzutreten, aber nicht nur meine unwichtige Person, sondern viele andere, welche die Wahrheit erforschen. Wir werden seine Irrtümer bekämpfen oder seine Unwissenheit heilen.«[66] So kämpfte der große Dominikaner im Zorn gegen die Versuchungen des Leibes und des Kopfes.

Hinter Siger von Brabant stand die agnostische Lehre des Averroes, zudem leugnete er die Einheit und Unsterblichkeit der Seele. Averroes hatte gelehrt, daß der reine Intellekt, der Verstand allgemein sei und während des Lebens eines Menschen sein Leib nur mit dem Haupte in den allgemeinen Menschheitsverstand hereinrage, dieser gebe dem Haupte nur Namen und Formeln des Wissens, gewissermaßen leihweise. Aber nach dem Tode sei eine individuelle Unsterblichkeit der Menschenseele nicht möglich. Dagegen kämpfte Thomas, kämpfte um die Einheit der Seele in der Lehre der Wirklichkeit der Universalien, die die Mitwissenschaft der Gründe der Schöpfung (universalia ante res) durch die Menschenseele (universalia post res über universalia in rebus) begründet. Diese Mitwisserschaft ist zwar universell, allgemein, aber sie verbindet sich mit allem Individuellen: Gedächtnis, vegetabilisches, animalisches Leben im Menschen, so daß Universell-Individuelles nach dem Tode fortexistiert in der Unsterblichkeit der Menschenseele. Diese hatte auch Aristoteles angenommen, und da Averroes sie leugnete, konnte Thomas von Aquin von ihm mit vollem Recht reden als von dem »Verfälscher, Verderber, nicht Kommentator des Aristoteles«.

Die antiken Philosophen hatten noch von verschiedenen Teilen der Seele gesprochen, Thomas in seinem Kampf um die Einheit der Seele sprach nur noch von verschiedenen Vermögen der einen Seele. Averroes war die Einheit völlig auseinandergefallen: ihm war der »tätige Verstand« allgemeiner Menschheitsverstand, und der individuelle »leidende Verstand«, die empfindende Seele, kann nach Aristoteles selbst keinen Anspruch auf Überdauerung erheben. Thomas knüpfte nun, und das war die Selbstempfindung des mittelalterlichen Menschen der Scholastik, den »tätigen Verstand« an die individuelle Seele. Damit aber diese sich selbst erlebende Seele nicht in Gefahr gerate, die Außenwelt zu verlieren in der Erkenntnis, verankerte er sie in der Außenwelt durch die dreifache Formlehre von den Universalien: Die universalia post res entzaubern sich in der Erkenntnis aus den universalia in rebus, und sie geben dadurch Kunde von der Geistigkeit vor aller Erschaffung (ante res). Dem Nominalismus verschloß sich die Außenwelt, sie blieb der Menschenseele innerlich fremd, und in ihrer Fremdheit war sie nur noch zugänglich seelenfremder, materialistischer Anschauungsweise. Jeder Materialismus hat so eigentlich als Grundlage jene nominalistische,

»averroestische Tendenz«[67], die bisher die wesentlichsten Formen des Agnostizismus hervorgebracht hat.

Die große Gestalt des Thomas von Aquino und seines Widersachers Averroes hat die Maler der auf Thomas folgenden Jahrzehnte und Jahrhunderte oft beschäftigt. Raffael in seiner »Disputa« stellt Thomas in unvergleichlich kühner Würde dar, mit welcher er das Haupt erhebt. Der gestürzte Averroes in seelenloser Verzweiflung, aus welcher ein Ausdruck hervorbricht, der beinahe unmenschlich erscheint, – so malten ihn die Maler Benozzo Gozzoli: hinstürzend auf das aufgeschlagene Buch, oder Bonaiuto: hockend auf das Buch gelehnt mit einem außermenschlich zweifelnd-kritischen Blick, oder auch auf dem Bilde in Sta. Catarina zu Pisa, auf welchem Averroes hingeworfen, gekrümmt von einem Strahl wird, der von Thomas ausgeht. Es ist so, als ob in jenem Kampf zwischen dem Dominikaner und dem Araber, die doch nicht Zeitgenossen waren, transparent erscheint jener große übermenschliche Weltenkampf, der immer in der Menschheit empfunden wurde als der Kampf des Sonnenerzengels Michael mit den Drachenmächten aus der Tiefe. Und noch einmal ist jenes große Bild zu nennen aus der Schule des Giotto, das »die streitende und triumphierende Kirche« darstellt, wo rechts unten Dominikus und Thomas Heiden belehren, darunter schwarz-weiß-gefleckte Hunde, die Wölfe oder Füchse zerfleischen. Und der Maler mag sich dabei an das im Hochmittelalter so verbreitete und beliebte Hohelied Salomonis erinnert haben, in welchem es heißt (2, 15): »Fanget uns die Füchse, die die Weinberge verderben; denn unsere Weinberge haben Blüten gewonnen.«

Noch vor dem Tode des Thomas wurde die Lehre des Averroes offiziell verurteilt, und Thomas setzte seinen Fuß auf die »gestürzte Schlange«, – aber sie war nicht tot, sie erhob wieder ihr Haupt, und es wuchsen ihr mehr Köpfe als vorher: Zweifel, Agnostizismus, Verzweiflung, Unmenschlichkeit, Anonymität – das währt bis heute. Für das 13. Jahrhundert aber hatte Thomas die Gefahr gebannt, oder doch unter dem ganzen Einsatz seines persönlichen Schicksals als Beispiel gezeigt, wie die Gefahr gebannt werden könne; denn Thomas hatte Averroes nicht widerlegt, sondern überwunden. In härtester Gedankenarbeit, »im Schweiße seines Angesichtes« baute Thomas das Feld an und wirkte das Brot, das er als Speise dem Abendlande anbot; die Schätze des Wissens aller Wissenschaften, »scita omnium scientiarum« zog er durch seine harte Arbeit an sich heran. Und seine Erkenntnismühe erbildete ein ganz neues Organ, der Versuchung des Zweifels, des Agnostizismus und der Unmenschlichkeit zu widerstehen und sie innerlich zu verwandeln: das »verbum cordis«, das Wort des Herzens, das aus dem Lichte des Hauptes, das sich erwärmt, geboren wird. So wurde Thomas mit einem goldenen Stern, der aus dem Herzen des Aquinaten erstrahlt, von Fra Angelico gemalt. Im Herzen erstrahlt der Stern des Hauptes: verbum cordis, aus dem Herzworte aber erst erbildet sich die Rede, das Wort des Mundes: verbum oris. Die Erkenntnis des vom christlichen Geiste Erleuchteten muß erst durch das Herz gehen, ehe sie auf der Lippe zur Rede, zur Verkündigung wird. Erst dann darf der Erleuchtete über die Vernunft, die Erkenntnis ohne Gefahr sprechen: »Was der Vernunft natürlich ist, erscheint uns mit solcher Notwendigkeit als wahr, daß wir überhaupt gar nicht denken können, es sei falsch«, und »daß etwas mit Gewißheit gewußt wird, kommt für uns von dem inneren Licht der Vernunft, durch die Gott zu uns spricht«[68], und »... Schlußfolgerungen (conclusiones) werden mit Gewißheit gewußt, wenn sie zurück-gelöst werden (resolvuntur) in die Urbegriffe. Und deshalb stammt das, was jemand mit Gewißheit weiß, aus dem innerlich eingeschaffenen Vernunftlicht, durch das in uns Gott spricht, und nicht vom Menschen, der äußerlich lehrt.«[69]

VII.

Einer der wesentlichen Begriffe, welche das 13. Jahrhundert ausgebildet hat, vielleicht sogar sein wesentlichster Begriff, ist die »Praeambula fidei«. Daß dieser Begriff aus den Tiefen der Menschheitsentwicklung sich in der Hochscholastik an die Oberfläche des menschlichen Bewußtseins ringt, schilderte oft Rudolf Steiner: Damals, in der Scholastik »standen die hervorragendsten Geister der europäischen Mitte vor einer ungeheuren Frage, vor einer Frage, die ihnen aufgegeben war als Menschen, die drinnen standen zwischen dem Westen und dem Osten, und es drängte in ihnen der Westen nach Vernunft, und es drängte in ihnen der Osten nach Offenbarung. Und man studiere einmal von diesem Gesichtspunkte aus die Hochscholastik, die Glanzepoche mittelalterlicher Geistesentwicklung, man studiere von diesem Gesichtspunkte aus solche Geister wie Albertus Magnus, Thomas von Aquino, Duns Scotus usw., usw.; man vergleiche sie mit solchen Geistern wie Roger Bacon (den älteren Bacon, der mehr westwärts orientiert war), und man wird sehen: eine große Frage entstand bei den Geistern der mitteleuropäischen Hochscholastik aus dem Zusammenwirken von dem, was vom Westen her als Vernunft, vom Osten her als Offenbarung drängte.« »Daher entstand die scholastische Lehre, daß alles beides gilt: Vernunft auf der einen Seite, Offenbarung auf der anderen Seite, – Vernunft für alles dasjenige, was auf der Erde mit den Sinnen zu erreichen ist, Offenbarung für die übersinnlichen Wahrheiten, die nur aus der Bibel und aus der Tradition des Christentums geschöpft werden können. Man begreift so richtig die christliche Scholastik des Mittelalters, wenn man ihre hervorragendsten Geister auffaßt als diejenigen, in denen zusammenströmte Vernünftigkeit von Westen, Offenbarung von Osten. Da wirkten in den Menschen beide Richtungen, und im Mittelalter konnte man sie nicht anders zusammenbringen als dadurch, daß man gewissermaßen in sich selber den Zwiespalt empfand.«[70]

Und diese »Praeambula fidei«, die Abgrenzung des menschlichen Erkennens gegenüber den Wahrheiten des Glaubens, ist im Grunde eine Erkenntnisgrenze gegenüber der spirituellen Welt, in welche die Einblicke während des 13. Jahrhunderts erloschen sind. »Während wir zurückblicken in das 13. Jahrhundert, Albertus und Thomas sehen, die Menschheit belehrend über die Grenzen der Vernunfterkenntnis gegenüber dem Glaubens-, dem Offenbarungsinhalt, sehen wir, wie Albertus und Thomas Stück für Stück zeigen: der Offenbarungsinhalt ist da, aber er ergibt sich nur bis zu einem gewissen Teil der menschlichen Vernunfterkenntnis, er bleibt außerhalb dieser Vernunfterkenntnis, er bleibt für die Vernunfterkenntnis Welträtsel. Wir können sie aufzählen, diese Welträtsel, die Inkarnation, das Enthaltensein des Geistes im Altarsakramente usw., das liegt jenseits der Grenze des menschlichen Erkennens. Für Albertus und Thomas ist es so, daß der Mensch auf der einen Seite steht, die Grenze der Erkenntnis gewissermaßen ihn umgibt und er nicht hineinblicken kann in die spirituelle Welt ... Das ergibt sich für das 13. Jahrhundert.«[71] Daß die Vernunft sich dann mit dem Geoffenbarten jenseits der Grenze befassen kann und sich in ein dienendes Verhältnis zur Offenbarung setzt, ergibt den eigentlichen Charakter der Hochscholastik: »Die Vernunft kann begreifen nur so weit, daß sie sagen kann: Die Welt könnte in der Zeit entstanden sein, könnte aber auch von Ewigkeit her sein. Aber die Offenbarung sagt, sie ist in der Zeit entstanden. Wenn Sie die Vernunft noch einmal fragen, so finden Sie die Gründe, warum das In-der-Zeit-Entstehen das Vernünftige ist, das Weisere ist.«[72]

Thomas selber schreibt über diese begrenzte Kraft des Intellektes in der »Summa Theologica«: »Das natürliche Licht (lumen naturale) aber unseres Intellekts ist von begrenzter Kraft (finitae virtutis); deshalb kann es bis zu einem gewissen Grenzbereich vordringen (pertingere). Um also weiter durchzudringen, um von etwas Kenntnis zu bekommen, was durch das natürliche Licht nicht erkannt zu werden vermag, bedarf der Mensch eines übernatürlichen Lichts (supernaturali lumine). Und dies dem Menschen gegebene übernatürliche Licht wird ›Gabe des Intellekts‹ (donum intellectus: Geschenk des In-sich-Lesen-Könnens) genannt.«[73]

Aber diese begrenzte Kraft hat dennoch einen Teil des göttlichen Lichtes in sich; denn wer den »farbigen Abglanz« der Welt sieht, braucht nicht in die Sonne zu schauen, um zu begreifen, daß sie vorhanden ist: »Wie aber, um etwas sinnlich zu sehen (ad videndum aliquid sensibiliter), nicht nötig ist, daß die Substanz der Sonne gesehen werde, so ist, daß etwas geistinnerlich gesehen werde (ad videndum aliquid intelligibiliter), nicht nötig, daß der Seinsgrund Gottes (essentia Dei) gesehen werde.«[74] Es ist dies ein schöner, positiver Gedanke, der trotz der Verfinsterung des Schauens der geistig-übersinnlichen Welt sich eine Erkenntnisstimmung bewahrt, die Vertrauen zum Denken, dem noch verbliebenen Geistlicht, findet, ohne zu schauen (Joh. 20, 29).

Und weiter schreibt Thomas in der »Summa« jene großen Trostgedanken seines Zeitalters wie wahre »Tröstungen der Philosophie«[75], die zurecht zu kommen suchen mit dem tragisch-notwendigen Erlöschen der Einblicke in die Welt des Geistes: ». . . unsere natürliche Erkenntnis nimmt vom Sinn (a sensu) ihren Ausgang. Daher kann unsere natürliche Erkenntnis sich so weit erstrecken, als sie durch die Sinnendinge an der Hand geführt (manuduci) werden kann. Aus dem Sinnenreich aber vermag sich unser Intellekt nicht so weit auszudehnen, daß er den göttlichen Seinsgrund (divinam essentiam) erblickte; denn die sinnenfälligen Geschöpfe sind Wirkungen (effectus) Gottes, die der Kraft (virtus) ihrer Ursache nicht gleichkommen. Deshalb kann aus der Erkenntnis der Sinnenwelt nicht die ganze Kraft Gottes erkannt und folglich auch sein Seinsgrund nicht geschaut werden. Aber weil die Wirkungen von der Ursache abhängen, können wir aus ihnen dazu geführt werden, von Gott zu erkennen, ob er sei, und von ihm das zu erkennen, was ihm als erste Ursache von allem, die doch alles übersteigt, notwendigerweise zukommt.«[76]

In diesem Erkenntnisbestreben, das seinen Ausgang »vom Sinn« nimmt, ist Aristoteles der Führer bis zu jener Grenze, zu welcher die menschliche Gedankenmühe durch ihre eigene Kraft kommt. Und so richten Albertus und Thomas jenen gewaltigen Erkenntnisbau auf mit allen Mitteln gotischer Denk-Baukunst, von der geschöpflichen Weisheit, der »sapientia creata« bis zur übergeschöpflichen Weisheit, die schon an Gottes Schöpfertum mit teilnehmen läßt, der »sapientia increata«. Wie aber ein gotischer Dom mit seiner Chorschranke nicht ein für allemal die Maßstäbe des Bauens überhaupt abgeben kann, so kann auch die Chorschranke der »Praembula« nicht ein für allemal jene feststehende Schranke bleiben, so daß sie unverrückbar ist. Das Vorhandensein einer »Praembula« kann doch nur bedeuten, daß sich die Schranke menschlicher Erkenntnis, nachdem sie einmal als Ausgangssituation gesteckt worden ist, immer mehr in das Gebiet erweiterter menschlicher Erkenntnis vorrücken lasse, dann allerdings aber in ein Gebiet, das nicht nur den irdischen Erkenntnisumkreis erweitert, sondern in ein Gebiet, das sich der Fortentwicklung des Erkenntnisvermögens selber erschließt. So sehr sich Thomas dagegen wehrte, daß Averroes Aristoteles als die Fülle einmalig geoffenbarter Intelligenz ansah, die nicht entwicklungsfähig sei – so sehr würde sich Thomas dagegen gewehrt haben, wenn er jene Absicht, die Averroes Aristoteles gegenüber hatte, nun auf sich selber angewendet sähe. Im recht verstandenen Thomismus ist der Gedanke der Entwicklung, auch jener »Praeambula fidei«, durchaus begründet.

Den Weg der menschlichen Erkenntnis zur geoffenbarten Wahrheit beschreibt Thomas so: Wir sehen Dinge der Welt bewegt durch immer andere sie bewegende Dinge, und diese werden wieder bewegt usf. Logisch aber müssen wir zu einem ersten Beweger kommen, der selbst unbewegt ist. Diese »erste Ursache« (Aristoteles) ist Gott, der unbewegte Beweger: »Man kann hier nicht ins Unendliche zurückgreifen, weil es dann keinen ersten Beweger gäbe und folglich auch keinen anderen Beweger, da alle nicht ersten Beweger sich voraussetzungsgemäß nur dann bewegen, wenn sie bewegt sind. Man muß also zu einem Ersten kommen, das durch kein anderes bewegt ist, und jedermann begreift, daß dies Gott ist.«[77] Und weiter schreibt Thomas in der »Summa«, wie das logische Denken bei Betrachtung der Natur zu Gott kommen kann: »Wir beobachten Dinge, die des Denkens und selbst der Erkenntnis entbehren, zum Beispiel die Naturkörper, die auf ein bestimmtes Ziel hinstreben, was dadurch offenbar wird, daß sie immer oder meistens auf die gleiche Art und Weise handeln, und zwar, um ihr Bestes zu erreichen. Es wird dadurch klar, daß sie nicht durch Zufall, sondern auf Grund einer bestimmten Absicht an ihr Ziel kommen. Was nun keine Erkenntnis hat, das strebt zu einem Ziel nur darum hin, weil es durch eine mit Erkenntnis und Einsicht begabte Kraft getrieben wird, wie der Pfeil durch den Bogenschützen. Es gibt also ein denkendes Prinzip, durch das alle Naturdinge zu einem Ziel hingeordnet sind. Ein solches Prinzip ist für uns Gott.«[78]

Nicht so führt der Gedankengang zur Trinität hin. Diese ist geoffenbart und überliefert. Und das menschliche Denken kann an dieser überlieferten Offenbarung prüfen, ob sie dem Denken widerspricht. Da die Trinität dem Denken nicht widersinnig ist, sich aber auch vom Denken nicht in gleicher Weise beweisen läßt wie jene »erste Ursache« und Gott, ist die Trinität zu glauben, wie auch jene anderen Offenbarungen, die jenseits der Schranke sich befinden. In der Natur zeigt sich die Gesetzlichkeit, die dem Erkennen zugänglich ist. Über der Natur waltet das Reich der Gnade, die von der Offenbarung herströmt. Die Natur aber wird nicht durch die Gnade aufgehoben, sondern vollendet. So schließen sich beide Welten wieder zusammen durch die Lehre des Thomas, der zum Lehrer der Christenheit des Abendlandes wurde: »Gratia non tollit naturam sed perficit.«[79]

Man kann es nicht oft genug schildern, wie dieser große Lehrer des Abendlandes in dankbarer Bescheidenheit immer wieder bei Aristoteles anknüpfte. Vor dem Gange der Entwicklung des

Abendlandes stand Thomas in tiefer Demut, die sich ja darin ausdrückt, anzuerkennen, was andere vor ihm gedacht hatten, und daran anzuknüpfen. Dabei mußte sich die Demut naturgemäß mit dem allerpersönlichsten Mut des Dominikaners verbinden, denn Aristoteles war durch seine arabischen Kommentatoren wie ein Schreckgespenst im Osten erschienen, das seinen langen, hageren Schatten in der Tracht der islamischen Philosophie über das Abendland verdunkelnd zu werfen drohte. In der Anerkennung des Aristoteles lag die neue unerhörte Freiheit der Bettelmönche, in der »Taufe des Aristoteles« die ebenso unerhörte Arbeit des Thomas. Mut und Demut leiteten das Zeitalter der Bettelmönche ein, hatte es doch an Verdächtigungen nicht gefehlt, daß die Franziskaner die heidnische Natur und die Dominikaner einen heidnischen Philosophen als Helfer zum Christentum zitierten.

Und der griechische Weise wird Thomas zum Lehrer zum Christentum. Anzufangen ist damit, zu zeigen, wie die Sinne die Fenster der Seele sind; namentlich das Auge ist das reinste Fenster. Aristoteles beginnt die »Metaphysik« mit dem Lob des Auges; Thomas sagt, der edelste Sinn ist das Auge; denn was es in dieser Welt ist, ist das geistige Wahrnehmen in der Welt des Geistes. Beim Geschmack, Geruch, Gehör geht sinnliche Stofflichkeit von der Welt zum Organ, beim Auge ist dieses am wenigsten der Fall, darum ist es das geistigste Organ – sagt Thomas. Die Welt ist lauter Licht, und der Dominikaner sein Verkünder. Die Edelheit des Auges bezeichnet er mit »lumen«, ein Wort, das er bis zur Erleuchtung des Geistes, bis zum Schauen Gottes anwendet. Licht ist das Grundelement gotischer Philosophie: Licht webt in den gotischen Domen, Licht in dem Intelligieren scholastischer Denker. Die »Metaphysik« des Aristoteles wurde durch die Jahrhunderte weitergereicht an Thomas, der sie dankbar zur Wiedergeburt und Taufe führte.

Aristoteles schrieb weiter, daß der Trieb zum Wissen, der Hang zur Philosophie dem Menschen eingeboren sei. Thomas' tiefste Seelenstimmung war, daß die Vernunft ein göttliches

Recht darauf habe, genährt zu werden, und zwar mit Wirklichkeiten, nicht nur mit Bildern und Namen. Auf dieses göttliche Recht der Vernunft baute er dann die Lehre von den Formen der allgemeinen Begriffe, der Universalia. Aber zur Übung der Vernunft habe sie auch sich zu beschäftigen mit derjenigen Philosophie des Vorchristentums, die am meisten voller Wirklichkeit und Dichtigkeit ist, der aristotelischen.

Aristoteles hatte seine Philosophie mit der untersten Stufe der Wirklichkeit begonnen, mit den Tatsachen der Sinneswelt und den menschlichen Sinnesempfindungen. Die Bescheidenheit des Thomas fing ebenfalls damit an, so wie er wohl mit jeder Arbeit, die ihm seine Ordensoberen zu tun auferlegt hätten, begonnen hätte. Hinzu kam, daß für das christliche Welt- und Menschenempfinden die Sinne und Empfindungen des Menschenleibes keinen Schein der Verachtung mehr an sich trugen wie in mancher antiken Philosophie, sondern die ehrfürchtige Besinnung hervorriefen, daß es der Gottessohn nicht verschmäht hatte, in einem Menschenleibe mit seinen Sinnen und Empfindungen zu wohnen. In diesem Leibe hatte Er an der Martersäule gestanden, Schmerz empfunden, Hohn gefühlt, mit diesen Ohren gehört: »Kreuzige, kreuzige ihn«, mit diesen Augen den Tag von Jerusalem gesehen und den Glanz des Tempels. Darum waren die Sinne und ihre Erlebnisse in der Möglichkeit geheiligt worden, und es galt, diese Möglichkeit zur Wirklichkeit zu erheben. Das aber beginnt im bescheidenen Sich-bewußt-Werden der Sinne.

Der Augustinismus hatte behauptet, die Erkenntnis des Geistigen gehe nicht aus von der Wahrnehmung des Sinnlichen. Das war in einer früheren Weltenzeit des Menschen wirklich so, als die Menschen noch die Erde suchten. Jetzt müssen sie den Weg von der Erde wieder hinauf suchen. Der Weg beginnt im Bereich des Sinnesfälligen: »So weit vermag unsere natürliche Erkenntnis sich zu erstrecken, als sie an der Hand geführt werden kann durch das Sinnfällige.«[80] Und »obwohl wir durch die Offenbarung dahin erhoben werden, etwas zu erkennen, das uns sonst unbekannt wäre, so doch nicht dahin, etwas auf andere

Weise zu erkennen, denn durch das Sinnfällige.«[81] Thomas hatte an den Bruder Reginald von Piperno in dem »Compendium Theologiae« eine Zusammenfassung seiner Erkenntnislehre gegeben. Auch diese beginnt mit der Erkenntnis des Sinnesfälligen: »Es ist zu beachten, daß die Formen in den körperlichen Dingen zerstückelt (particulares) sind und ein materielles Sein haben, im Intellekt aber umfassend (universales) und immateriell: was die Art unseres Intelligierens dartut. Denn wir intelligieren ›universaliter‹ und ›immaterialiter‹. Die Art unseres Intelligierens muß aber notwendigerweise den intelligiblen Sonderformen (speciebus), vermittels welcher wir intelligieren, entsprechen. Deshalb ist notwendig, daß die Formen von den körperlichen Dingen zum Intellekt durch gewisse Mittler gelangen. Dieser Art sind die Sinneskräfte (potentiae sensitivae), die die Formen der materiellen Dinge ohne Materie aufnehmen – kommt doch ins Auge die Sonderform des Steins, aber nicht die Materie – und anderseits doch in sich die Formen der Dinge in zerstückeltem Zustand (particulariter) aufnehmen – denn mit den Sinneskräften erfassen wir nur Zerstückeltes (particularia). Es war also notwendig, daß der Mensch, um zu intelligieren, Sinne habe. Das wird dadurch bestätigt, daß, wem ein Sinn fehlt, auch das Wissen um den Sinnesbezirk fehlt, der von diesem Sinn umfaßt wird, wie der Blindgeborene ein Wissen von der Farbe nicht haben kann.«[82]

Die Sachlichkeit und Unbestechlichkeit in den Schriften des Thomas rührt von diesem Ausgangspunkt der Erkenntnis des Sinnesfälligen her. Diese Sachlichkeit hatte auch Aristoteles, von dem Thomas in einer Adventpredigt einmal erzählte, daß man Aristoteles einmal gefragt habe, wo er seine Weisheit gelernt habe; da habe er geantwortet: von den Dingen, die nicht lügen! – Etwas von dem Sinn der Erde und der Mission, die die Dinge an der Menschenseele haben, leuchtet in solchen Worten auf; auch in einem solchen Wort des Aristoteles, das sich in der thomistischen »Summa« findet: Jedes Ding scheint das zu sein, was in ihm das Wertvollste, Vorzüglichste ist. Und, daß das

Urteil über ein Ding immer nur erfolgen kann nach den eigenen Urgründen eines Dinges. Die Erziehung des Menschengeistes im Erdenleibe durch die Welt des Sinnenfälligen – das ist eine der Missionen des Erdendaseins und offenbarte sich in den Philosophien des Aristoteles und Thomas.

Gegenüber der Offenbarung wandte Thomas die allein zeitgemäße Methode der In-Frage-Stellung an. Als ihm einmal in einer Disputation einer zurief, der Autorität Gottes habe man sich in einfältigem Gehorsam zu unterwerfen, antwortete Thomas ruhig: dann habe man wohl die Wahrheit, aber in einem leeren Kopfe. Der Kopf will und muß sein Recht haben. Dieses äußert sich zuerst in der Fragwürdigkeit der Welt. Das ist eine erste Würde, die der Welt vom Haupte her zukommt. Die Erkenntnismühe hat dafür zu sorgen, daß diese Würde nicht die letzte bleibt. Ausgehend von der pagina sacra der Bibel erhebt sich die In-Frage-Stellung, welche in den »Disputationen« zur Lösung strebt. In der »Quaestio disputata« war Thomas Meister, so daß als sein größtes Werk nicht die »Summa Theologiae« angesehen wurde, sondern die nahezu endlose Reihe der »Quaestiones disputatae«. Erstere war als eine Einführung und ein Lehrgang der Theologie für Studierende gemeint, eine straffe Übersicht, wie auch der Plan der »Summa« zeigt: 1. Gott als Ursprung, 2. die Rückkehr, Gott als Ziel, 3. Christus, der Führer in dieser Rückkehr. – Die innere Bewegtheit des Zeitalters hat mehr in den »Quaestiones disputatae« ihren bewegten Niederschlag gefunden. Die »Summa Theologiae« hat etwas von der kristallinen Ruhe der Ewigkeit, in welcher das Persönliche transparent, durchsichtig wird. Dieses große Lehrbuch hatte die Kraft der Nahrung für Jahrhunderte in sich. Bescheiden schreibt Thomas im »Prologus«, im »Vorwort«, daß es geschrieben worden ist für die Anfangenden und Lernenden, »ad eruditionem incipientium«: »Weil der Lehrer (doctor) der katholischen Wahrheit nicht nur die Vorgeschrittenen belehren soll, sondern die Aufgabe hat, auch die Anfänger zu unterrichten – gemäß den Worten des Apostels Paulus im I. Korintherbrief 3, 1: ›. . . als Kindlein in Christo habe ich euch Milch zu trinken gegeben, nicht Speise . . .‹ – ist das Ziel, das wir uns mit diesem Werk gesetzt haben, dieses: was zur christlichen Religion gehört, in solcher Weise weiterzugeben, wie es sich für den Unterricht von Anfängern gehört.«[83] Und dann folgt jene schlichte, besonnene Einstellung – ohne jede Zierde der Worte und »scholastische« Spitzfindigkeit – in der Redeweise des Thomas, die so sympathisch ist: »Im ersten Teil handeln wir von Gott, im zweiten von der Hinbewegung der geistbegabten Geschöpfe auf Gott hin, im dritten von Christus, der, in seiner Menschheit, für uns der Weg ist, auf dem wir zu Gott gelangen.«[84]

Man hat den Lehrer des Abendlandes, der in seinem Zeitalter die Philosophie des Baues des gesamten Kosmos errichtete, zutreffend »Thomas a Creatore«, Thomas von Gott dem Schöpfer genannt.[85] Und wirklich ist seine umfassende Theologie und Philosophie hingerichtet auf Gott den Schöpfer und seine Schöpfung. Man könnte diese Philosophie auch einen Gedanken-Preisgesang auf das Wirkliche, das Sein nennen, und wer das Wirkliche der Schöpfung nicht anerkennt, wie kann der die Wirklichkeit Gottes denken, die ja die Grundlage alles Preisens ist! Schon in seiner Schrift »Wider die Heiden« hatte Thomas geschrieben: »Offenkundig falsch ist die Meinung derer, die sagen, im Hinblick auf die Wahrheit des Glaubens sei es völlig gleichgültig, was einer über die Schöpfung denke, wenn er nur von Gott die rechte Meinung habe. Denn ein Irrtum über die Schöpfung wirkt sich aus in einem falschen Wissen von Gott.«[86] Es ist dieselbe Ehrfurcht vor der Wirklichkeit der Schöpfung, die Thomas beseelt, wie die Ehrfurcht vor der Wirklichkeit der Leibwerdung Christi. In diesem Wirklichkeitssinn spricht sich der Lebensernst einer großen Persönlichkeit aus.

Der Thomismus ist die Lehre vom Sein. Und weil Thomas bei Aristoteles anknüpfte, werden ihm dessen zehn Kategorien[87] zu Aussageweisen, »praedicamenta« des Seins: Substanz, Quantität, Qualität, Relation, Ort, Zeit, Lage, Haben, Tun, Leiden. Sie sind die Stützen der scholastischen Logik, die durch ihre Bewegung die Wirklichkeit zu umgreifen sucht. Auf diesen Säulen in Verbindung mit den dreifachen Universalia errichtet sich der Kosmos der Thomistischen Philosophie. Sie sind das Fundament, auf dem die Wirklichkeit der Welt geordnet erscheint. Aber diese Wirklichkeit ist nicht einfach wirklich, es gibt Grade ihrer Vollkommenheit. Und Thomas schreibt darüber in der »Summa«, daß die Schöpfung durch den Sündenfall verwundet wurde und daß der Mensch, dessen Erkenntnis sich tiefe Einblicke in die Schöpfung erringen konnte, an den geschaffenen Dingen erkenne und erfahre, wie dieses Wissen ihm zum Quell der Traurigkeit werde, sobald er die Verwundung erfahre, die eine oberflächliche Erkenntnis nicht erfahren könne. Den tief Erkennenden umweht Schmerz und Trauer und das Bewußtsein der Gefahr aus der Verwundung der Schöpfung. Deswegen ist das Erkenntnisstreben während des Erdenwachseins der Seele von Trauer erfüllt, im Schlafe aber klingt das Paradies der heilgebliebenen Schöpfung nach, darum der Schlaf ein Baden und Heilmittel gegen die Trauer der Seele ist.

Traurigkeit und das Heilmittel dafür umfaßt die menschliche Seele: Wachen und Schlafen; denn es gibt keine menschliche Erkenntnis, die nicht verankert ist und ausgehe von der Sinnenfälligkeit. Aber es gibt Erkenntnisweisen, die nicht durch das Sinnesbild, sondern durch sich selbst bestehen. Das ist das geistige Leben und Bewußtsein der Engel: Ihr Denken ist ihnen wie den Menschen die Sinneswelt, und was den Menschen Denken ist, ist den Engeln die Eingebung, Inspiration höherer Engel und zuletzt Gottes. Und wie den Menschen ein Leben von der Geburt bis zum Tode zukommt, so ist das Maß der Engel der Äon. Über den Engeln kommt die höchste Vollendung Gott zu, weil dessen Erkennen und Sein ununterschieden sind.

Eine Jakobsleiter im Bau der Welt errichtet Thomas, angefangen bei der Erkenntnislehre des Menschen über die Naturlehre und Himmelskörperlehre zur Hierarchienlehre bis zur Vollendung Gottes.

Die »anima humana« des Menschen ragt über das Sinnensein

heraus, und diese höchste Art des menschlichen Erkennens ist zugleich die niedrigste Art des hierarchischen Erkennens. In der »anima humana« sind Erden- und Himmelswelt zusammengefügt. Weil dem menschlichen Erkennen eine solche Bedeutung zukommt, behandelt es Thomas in der »Summa Theologiae« mit großer Ausführlichkeit: »Das Wort ›intellectus‹ faßt in sich ein gewisses innerstes Wahrnehmen (quamdam intimam cognitionem): denn ›intelligere‹ heißt gleichsam ›innerlich lesen‹ (intus legere). Und dies ist ganz offensichtlich, wenn man den Unterschied zwischen Intellekt und Sinn (sensus) betrachtet: denn das sinnliche Wahrnehmen (cognitio sensitiva) wird beschäftigt (occupatur: man beachte die Passivform!) im Bereich der äußeren sinnlichen Eigenschaften (circa qualitates sensibiles exteriores); das intellektive Wahrnehmen (cognitio intellectiva) aber dringt durch (penetrat: man beachte die Aktivform!) bis zum Seinsgrund des Dings (usque ad essentiam rei).«[88] Nun ist nur erkennbar, wenn etwas im Zustand des Wirklichseins ist. Und jedes wahre Begehren im Sinne des Wirklichseins wird auch erfüllt, so ist es auch sicher, daß die Glückseligen, indem sie Gott schauen, die wahre Wirklichkeit schauen: »Es liegt im Menschen ein natürliches Begehren (naturale desiderium), die Ursache zu erkennen, wenn er schon die Wirkung erblickt; und daraus entspringt in den Menschen das Staunen (admiratio). Wenn der Intellekt des vernünftigen Geschöpfs nicht zur ersten Ursache der Dinge sollte gelangen können, müßte dies Begehren der Natur eitel bleiben. Deshalb muß bedingungslos eingeräumt werden, daß die Glückseligen Gottes Seinsgrund schauen.«[88] Diese Tätigkeit des menschlichen Intellektes, der sich über die Materie erhebt, in welcher Entstehung, Trennung und Zerstörung waltet, ist auch der Beweis dafür, daß die Natur des Intellektes unzerstörbar und unsterblich ist. Nichts anderes kann von dem Intellekt gesagt werden – wie es nicht Averroes und die arabischen Philosophen sagten, die die Unsterblichkeit des Intellekts leugneten –, denn wie könnte die Heiligkeit Gottes Zerstörbares umleuchten? ». . . da die natürliche Kraft des geschaffenen Intellekts nicht genügt, Gottes Seinsgrund zu schauen, ... muß ihr aus göttlicher Gnade die Kraft des Intelligierens darüber hinaus zuwachsen (superaccrescat). Und deshalb nennen wir die Mehrung (augmentum) der Kraft des Intelligierens Erleuchtung des Intellekts (illuminationem intellectus); wie ja auch das Intelligible ›Licht‹ genannt wird: Und dies ist das Licht, von dem in der Apokalypse 21, 23 gesagt wird, daß ›die Helligkeit Gottes sie erleuchten wird‹, nämlich die Gemeinschaft der Gott schauenden Glückseligen.«[89]

Gemäß dem Worte aus der »Summa«, daß etwas nur erkennbar ist, insofern es im Zustand des Wirklichseins (»in actu«) ist, hat auch Thomas seine Naturlehre errichtet. Von nur passiver Naturbeschreibung späterer Jahrhunderte ist noch nichts zu spüren. Was als geistig Bewegendes in den Naturerscheinungen wirkt, darauf richtete sich der Wirklichkeitssinn des Thomas: »Die Form des mineralischen Körpers hat eine gewisse, die aktiven und passiven Qualitäten übersteigende Tätigkeit, die mit dieser Sonderform durch den Einfluß eines Himmelskörpers verbunden ist: so, wenn der Magnet das Eisen anzieht und der Saphir Abszesse (apostema) heilt. Darüber hinaus aber hat die pflanzliche Seele (anima vegetabilis) eine Tätigkeit, welcher sogar die aktiven und passiven organischen Qualitäten dienstbar sind (deserviunt); und über das Vermögen dieser Qualitäten hinaus entwickelt sie noch eine ihr eigentümliche Wirkung, indem sie Ernährung und Wachstum bis zu dem ihr gesetzten Ziel und anderes dergleichen vollbringt. Die empfindende Seele (anima sensitiva) hat darüber hinaus eine Tätigkeit, zu der in keiner Weise die aktiven und passiven Qualitäten sich hinauferstrekken, es sei denn, sie würden zur Zusammensetzung eines Organs gebraucht, durch das eine solche Tätigkeit ausgeführt wird, wie das Sehen, das Hören, das Verlangen und dergleichen. Die vollkommenste der Formen aber, nämlich die menschliche Seele (anima humana), die das Endziel aller natürlichen Formen ist, hat eine Tätigkeit, die gänzlich die Materie überragt, und die nicht durch ein körperliches Organ geschieht, nämlich das Intelligieren. Und da das Sein eines Dings seiner Tätigkeit entspricht ... muß notwendigerweise das Sein der menschlichen Seele die körperliche Materie weit übersteigen (superexcedere) und kann nicht ganz von ihr eingefaßt (comprehendere) sein, wenn es schon auf irgendeine Weise von ihr berührt (attingere) wird. Insoweit nun die menschliche Seele das Sein des materiellen Körpers übersteigt und imstand ist, auf sich selbst zu ruhen (subsistere; d. h. ein Sein ohne stoffliche Unterlage zu haben) und zu handeln, ist sie eine geistige Substanz (substantia spiritualis); insofern sie aber von der Materie berührt wird und ihr das eigene Sein mitteilt (esse suum communicat), ist sie Form des Körpers. Sie wird aber von der körperlichen Materie aus dem Grund berührt: weil stets das Oberste der untern Ordnung das Unterste der obern berührt, wie von Dionysius im Kap. VII ›Von den göttlichen Namen‹ deutlich gemacht wird. Und so kann die menschliche Seele, die unterste in der Ordnung der geistigen Substanzen, ihr Sein dem menschlichen Körper mitteilen, was auch das Würdigste ist, damit aus Seele und Leib Eins werde wie aus Form und Materie.«[90] Ebenso befinden sich die Himmelskörper im Zustand tätigen Wirklichseins, da sie sonst nicht erkennbar wären. So »sind in den Himmelskörpern die Körpereigenschaften, die getastet werden können, nicht in der Weise vorhanden, wie sie in den niederen Körpern sind, sondern in hervorragender Weise, nämlich in der wirkenden Ursache (causa activa): denn dort ist nicht ein Kalt oder Warm, ein Feucht oder Trocken, aber die Kraft, die solches bewirken kann ...«.[91]

Durch das Aufsuchen der Tätigkeit in allem Wirklichen konnte Thomas zur Natur- und Himmelskörperlehre die Hierarchienlehre ohne einen Bruch hinzufügen; mit der Natur sind die Hierarchien durch ihre tätige Qualität verbunden. Nicht um die volle Engelsabstufung darzustellen, sondern um zu zeigen, wie allein Tätigkeit den Kosmos als Wirklichkeit durchwaltet, seien folgende Stellen hinzugefügt: »Weil also die intellektuellen Geschöpfe (intellectuales creaturae) den anderen Geschöpfen übergeordnet sind, ist offensichtlich (manifestum), daß durch die intellektuellen Geschöpfe alle anderen von Gott gelenkt werden. Und da auch unter den intellektuellen Geschöpfen die einen den anderen übergeordnet sind, werden die unteren durch die oberen von Gott regiert. Daher kommt es, daß die Menschen, die nach der Ordnung der Natur die unterste Stellung unter den intellektuellen Substanzen einnehmen, durch höhere Geister (per superiores spiritus) geleitet werden, die deshalb, weil sie vom Göttlichen den Menschen Botschaft bringen (divina hominibus nuntiant), Angeli genannt werden, das heißt Boten. Und auch unter den Engeln werden die untern durch die obern regiert gemäß dem Umstand, daß bei ihnen verschiedene Hierarchien, das heißt heilige Würden (sacri principatus), und in den einzelnen Hierarchien verschiedene Ordnungen (ordines) unterschieden werden.«[92] »Der obersten Ordnung nun steht zu, im höchsten Gut selbst (in ipso summo bono), das ja das letzte Ziel der Dinge ist, über die Wirkungen belehrt zu werden (edoceri); weshalb sie nach der Glut der Liebe (ab ardore amoris) ›Seraphim‹ genannt werden, da sie gleichsam glühen (ardentes) oder befeuern (incendentes): denn der Liebe Gegenstand ist das Gute. Der zweiten Ordnung aber steht zu, die Wirkungen des Tuns Gottes in Gottes (intelligiblen) Gründen (in ipsius rationibus intelligibilibus) zu betrachten (contemplari), insofern sie in Gott sind, weshalb sie ›Cherubim‹ genannt werden nach der Fülle des Wissens (a plenitudine scientiae). Der dritten Ordnung aber steht zu, in Gott selbst (in ipso Deo) zu erwägen (considerare), in welcher Weise von den Geschöpfen an den auf die Wirkungen angewandten intelligiblen Gründen teilgenommen werde, weshalb sie vom Gott-in-sich-sitzen-Haben (ab habendo in se Deum insidentem) ›Throne‹ genannt werden . . .«[92]

Es ist die Jakobsleiter eines lebendigen Kosmos, die so der Lehrer des Abendlandes mit der Kraft seiner Erkenntnis errichtet. Thomas denkt diese Leiter mit den Kräften des Hauptes: auf der festen »Gesteinswelt« der Sinneserlebnisse steht sie auf; von einer Lebendigkeit zur anderen reichen die Sprossen; tätige Wesen wallen auf und nieder, und oben spricht Gott selber sein

»Ich Bin«: »... und siehe, eine Leiter stand auf der Erde, die rührte mit der Spitze an den Himmel, und siehe, die Engel Gottes stiegen daran auf und nieder. Und der Herr stand ganz oben und sprach: Ich Bin der Herr ...«[93]

Von Thomas sagte man, daß er der Wiederhersteller aller Philosophie gewesen sei; es war, als habe in ihm die Philosophie, die Liebe zur Weisheit, selber Gestalt angenommen. Diese Liebe führte ihn zu den goldenen Höhen der Erkenntnis, von deren Dächern er bis in das Reich der Engel schaute und mit den Engeln demütig Zwiesprache führte. Jene Zwiesprache hatte ihre Quelle im Herzen des Thomas. Es gibt ein Bild von dem großen Dominikaner[94], das ihn mit überirdisch-erhabener Ruhe zeigt mit einem Sonnengestirn, das aus seiner Brust erstrahlt. Unter den Füßen des Thomas liegt hilflos Averroes. Der Kampf der beiden Philosophen war nicht nur eine Menschenangelegenheit, obwohl mit irdischen Waffen gekämpft wurde – das Gericht Gottes wirkte überall mit herein. So schrieb Thomas am Ende seiner Schrift »Über die Vollkommenheit des geistlichen Lebens«: »Wahr und Falsch wird auf keine Weise besser offenbar und enthüllt, als im Widerstand gegen den Widerspruch, gemäß dem Worte ›Eisen wird durch Eisen geschärft‹ (Spr. 27, 17). Gott aber mag richten zwischen uns und ihnen: Er sei gebenedeit in Ewigkeit. Amen.«[95] Aber das Gericht Gottes ist nicht irgendein undurchschauter Schicksalszwang, es lebt allein in der Wahrheit, die unbestechlich ist. Im Kommentar zum Buche Hiob[96] bekennt Thomas auf die freimütigste Weise, daß die Rede Hiobs wider Gott nicht die Ehrfurcht verletze; denn die Wahrheit ändert sich nicht, von wem oder zu wem sie auch gesprochen werde, sie ist unantastbar und unbesieglich. – Das Auge des Adlers, das in die flammende Sonne zu schauen vermag, ohne zu erblinden, zeigt sich im Geiste des Menschen Thomas. Wer so spricht, ohne sonst unehrfürchtig gewesen zu sein, der lebt im Geiste, und die Himmlischen können ihm das Licht des Himmels nicht versagen. Übermenschlicher Anstrengung erschloß sich das Licht.

Wer nun das Licht so anschauen gelernt hat, dem erwärmt

sich auch der ganze Mensch. Es hat etwas Vertrauen zum Geiste Begründendes, bei Thomas immer wieder zu gewahren, wie die Wahrheit die Liebe erleuchtet und die Liebe die Wahrheit erwärmt. So stammt ein solches Wort wie selbstverständlich aus seinem Geist-Erleben: »Ein jeglicher Akt der Liebe verdient das ewige Leben.«[98] Die thomistische Lehre von der Tugend strömt allein aus der Quelle des Wahren.

Sein Werk, das er hinterlassen hat, ist ungeheuerlich. Es ist einfach unerklärlich, daß das alles ein Mensch gedacht und zum Teil eigenhändig geschrieben haben soll, der nicht einmal fünfzig Jahre alt geworden ist! Ein absolut ruhiger Geist waltet besonnen in der Ordnung der Schriften, die ein Kosmos in sich sind. Da sind die »quaestiones disputatae«, die Artikel, die »Summa Theologiae«, die Kommentare zu den Schriften des Aristoteles und denen des Alten und Neuen Testamentes, zu Boëthius und Dionysius, die »Opuscula«, die Gelegenheitsschriften, unter denen die Erstlingsschrift »Über das Sein und das Wesen« und das »Theologische Compendium« für seinen Ordensbruder Reginald von Piperno hervorragen.

Thomas von Aquino dachte und arbeitete unaufhörlich, um dem Abendlande seine geistige Stütze für Jahrhunderte zu geben. Wenn er nicht las, schrieb oder diktierte, wandelte er in den Kreuzgängen der Klöster, eilig, tief sinnend: es dachte in ihm. Milde und gütig war er zu jedermann. Gewaltiger als seine Rede war sein tiefes, schöpferisches Schweigen, das gegen Ende seines Lebens immer mehr zunahm. Etwas von der Ruhe des Weltengrundes unmittelbar vor der Schöpfung muß um ihn gewesen sein.

Die ihn kannten und das Glück hatten, mit ihm längere Zeit zusammen leben zu dürfen, verehrten ihn; denn »dieser Mann mit der großen und aufrechten Gestalt, kräftig und sensibel zugleich; mit der mächtigen Stirn; mit einer Hautfarbe, blinkend wie ein Weizenkorn; mit einem Antlitz, in dem das Feuer niemals erlischt; dieser Mönch, den man häufig allein, erhobenen

Hauptes, mit großen Schritten meditierend die Gänge des Klosters auf und ab wandern sieht – dieser Mensch mußte ein Heiliger sein. Von ungewöhnlichen asketischen Übungen und Kasteiungen wissen gleichwohl die Zeugen des Heiligsprechungsprozesses, von denen viele mit Thomas lange umgegangen sind, nichts zu berichten. Aber sie sagen: Thomas habe den Frieden geliebt; er sei karg gewesen gegen sich selbst und demütig und voll Güte gegen die anderen; er sei ein Liebhaber der Armut und sein Sinn ganz auf das Göttliche gerichtet gewesen. Vor allem ein Wesenszug wird von den mehr als dreißig Zeugen am häufigsten und oft an erster Stelle genannt: castitas. Der heilige Thomas muß ein Mensch gewesen sein von solcher Lauterkeit, Sauberkeit und Blankheit des Wesens, daß jeder, der mit ihm zusammenkam, in seiner Nähe so etwas zu verspüren schien wie eine frischere und kühlere Atemluft.«[100] Es war die Luft, die im Hochgebirge weht, die den Lehrer des Abendlandes und die bei ihm sein durften, umwehte.

VIII.

Thomas von Aquino hat in seinem verhältnismäßig kurzen Leben viele Reisen unternommen und war immer nur wenige Jahre an einem Orte. Dreimal drei Jahre wirkte er mit Unterbrechungen als Lehrer an der Universität in Paris. Drei Jahre weilte er in Köln; während dieser Zeit wurde der Grundstein des Kölner Domes gelegt. Drei Jahre lehrte Thomas in Orvieto am Hofe des Papstes Urban IV. Am Ende dieser Zeit, die Thomas in Orvieto oder Viterbo als Hochschullehrer verbrachte, wurde er mit der Schaffung des Fronleichnamsoffiziums beauftragt; das war 1264, zehn Jahre vor seinem Tode. Danach ging er für zwei Jahre nach Rom, um dort eine Ordensschule einzurichten. Hier schrieb er sein Werk »Über die Macht Gottes« und begann die »Theologische Summa«, an welcher er sieben Jahre lang arbeitete, ohne sie ganz vollenden zu können. 1265 wurde nach dem Tode Urbans Clemens IV. zum Papste gewählt, im gleichen Jahre legte Thomas den Grundstein zur großen »Summa«, im gleichen Jahre wurde Dante geboren. 1268 ging Thomas nach Paris, um wiederum die Leitung der Universität zu übernehmen; in jenen Tagen wurde Konradin, der letzte Hohenstaufe, in Neapel enthauptet. 1272 verließ Thomas Paris, um in Neapel an der Stätte seiner Jugendentscheidung den Lehrstuhl der Theologie zu besteigen, nachdem er den erzbischöflichen Stuhl zurückgewiesen hatte. Ein Jahr später fiel die Königswahl auf Rudolf von Habsburg. Im Winter 1273/74 machte sich Thomas auf den Ruf des Papstes hin auf den Weg nach Lyon, wo ein allgemeines Konzil einberufen war. Unterwegs, im Zisterzienserkloster Fossanuova, ist Thomas im Frühjahr 1274 gestorben. Das Werk, das er seinem Jahrhundert hinterließ, diese gotische Spitzbogenkunst der Erkenntnis, gleicht einer Kathedrale, in welcher Rhythmus und Ebenmaß, lichte Klarheit und weihevolle Andacht den Besucher verstummen machen vor Bewunderung, bis diese Bewunderung übergeht in den Preisgesang des Schöpfergottes, der die Welt erbaute und den Menschen das Licht gab, die Welt durch die Erkenntnis zu erleuchten.

Thomas hatte gebaut mit seiner großen baumeisterlichen Kunst wie vor ihm kein anderer Denker. Gebaut und gekämpft. Von Jugend an war es seine Sehnsucht gewesen, im Dienste des abendländischen Christentums die Großen der Menschheit dienend vor Christus zu sehen: so hatte Thomas den Griechen Aristoteles zum Diener Christi »getauft«, und Thomas hatte einen letzten Kampf siegreich bestanden, jenen gegen den Nominalisten Siger von Brabant, der wünschte, der Gottessohn möge dem Griechen unterliegen; das hatte zur Verzerrung des Aristotelismus geführt. Thomas hatte die Köpfe seiner Zeit entwirrt, aber es war doch der Schreck geblieben, daß ein solcher Wunsch und eine solche Verzerrung überhaupt möglich war. Und sie sollte ja in der Folgezeit in der Geschichte weiterwirken. Da mußte Thomas empfinden, daß er nicht gegen die Irrtümer der Menschen zu kämpfen hatte, sondern gegen Mächte und Gewalten, die in der Finsternis des Zeitalters ihr Unwesen treiben, die nicht im Fleisch und Blut verkörpert sind, und die den Erkenntnisdom, in welchem der Gottessohn eine Wohnstätte findet, nicht wollen. Im Kampf gegen diese Mächte errang Thomas zum größten Mut die tiefste Demut und Bescheidenheit, die den Menschheitsführer ausweist: Es wird erzählt, daß während der Zeit, als Thomas im Konvent von Bologna weilte und seine »Summa« eben zu schreiben angefangen hatte, ein Laienbruder, der Thomas nicht kennt, weil oft Gäste im Konvent weilen, Thomas bittet, ihm eine Besorgung machen zu helfen. Krank, mit hinkendem Fuß, geht Thomas mit. Auf der Straße begegnet ihnen Staunen, man erkennt den großen Lehrer. Als heimkommend der Laienbruder sich entschuldigend Thomas zu Füßen wirft, antwortet dieser beschämt, er bedauere nur, daß sein schlimmer Fuß ihn nicht habe so helfen lassen, wie er es gewünscht habe.[101]

Thomas war innerlich zu fein und zart, sein ganzes Leben hindurch beinahe jünglinghaft beschämt, als daß er sich laut in Lobpreisung oder Poesie ergangen hätte; er hat eigentlich nichts gedichtet. Das Wenige aber, das wir von ihm besitzen, ist so schön in seiner objektiv-liturgischen Größe, daß auf diesen besonderen Klang im Rhythmus seiner Lichtschöpfung hingehört werden soll.

Das Fronleichnamsfest, das nach der Jahrhundertmitte eingeführt wurde, hat seinen Grund in der Vision eines Mädchens aus Belgien, Juliane von Lüttich, die, früh Nonne geworden, in ihrem Schauen den Mond mit dunklen Streifen bedeckt erblickt hatte und der geoffenbart worden war, daß ihre Vision sich auf das Fehlen eines Festes der Eucharistie beziehe. Das Fest wurde eingeführt und Thomas beauftragt, das Offizium dafür zu schreiben. Der erste Hymnus, der ursprünglich nach Mitternacht gesungen wurde, beginnt mit wunderbaren Worten, deren erstes kaum übersetzbar ist, und sowohl »preisen«, wie »formen«, »festmachen« bedeutet: im Preisgesang etwas verdichten, »Pange lingua gloriosi / Corporis mysterium ...« (Preise, Zunge, des herrlichen Körpers Geheimnis ... oder auch: Verdichte zum Werke selber, Sprache, das aus überirdischem Lichte gewobene Mysterium des Leibes Christi). Zum tönenden Worte verdichtet sich das helle Licht der Geisterkenntnis des Hauptes. Der Preisgesang aus der Erkenntnismühe eines Jahrhunderts wird geboren:

»Pange lingua gloriosi
Corporis mysterium
Sanguinisque pretiosi
Quem in mundi pretium
Fructus ventris generosi
Rex effudit gentium.«

»Prangend sing' des gloriosen
Körpers Lichtmysterium –
Zunge! und des makellosen
Blutes, das zur Welten-Lösung
Königsfrucht des sündenlosen
Leibs ergoß ins Menschentum.«[102]

Der Preisgesang wird geboren, und schon erklingt sein Sehnsuchtsruf nach Zukunft und Wiedergeburt in der Sonnenaufgangshymne. Das uralte Evangelienwort »Siehe, ich mache alles neu«, die Offenbarung des sich immer wandelnden, neu schaffenden Gottes tönt im Preislied des Thomas:

»Reccedant vetera, nova sint omnia
Corda, voces et opera.«

»Altes sei abgetan. Alles sei neu,
Herzen, Stimmen und Werke.«

Das erste, das zur Erneuerung aus dem Geiste des wiedergeborenen, sich ewig wandelnden Gottes drängt, ist das Herz. In ihm ist die Geburtsstätte aller Verwandlung verborgen, da in ihm aus der »scintilla animae«, dem Seelenfünklein des Herzens, der Gottessohn geistig geboren wird. Aus ihm strömt das

»verbum cordis«, das Herzenswort, aus dem Tabernaculum der Christeingeborenheit, ehe es zum Wort des Mundes wird. Aber selbst das »verbum cordis« tönt aus einem Lichthintergrund hervor, aus der »claritas cordis«, der Herzensklarheit, welche der eigentliche Urgrund des geistigen Menschenwesens ist. In einer Weihnachtspredigt schildert uns Thomas die dreifache Geburt des Sohnes »aeternalis ex Patre« – in Ewigkeit aus dem Vater, »temporalis ex Matre« – in der Zeit, in der Geschichte aus Maria, der Mutter, »spiritualis ex corde« – im Geiste aus dem Menschenherzen. Und diese Geburt aus der Klarheit des Herzens im hingebenden Glauben bleibt eines der Wunder, die die himmlische Welt bewirkte. Daß Gott Mensch wurde und die Jungfrau ihn gebar, sind Mysterien; daß aber das Menschenherz glaubte, ist kein geringeres Mysterium, das in die »claritas cordis« gerückt werden sollte. Aus diesem Mysterium wird sich einmal – und dies beginnt schon jetzt – die ganze Welt erneuern.

Thomas, der in seinem leuchtenden Herzen diese Welterneuerung dachte und ersehnte, lebte die letzten Jahre, wie Zeitgenossen von ihm berichten, in Gebet und Meditation, näher der anderen Welt als der irdischen. Der Raum seines Herzens erleuchtete sich immer mehr. Geduld und eine unfaßbare Ruhe umgab ihn. Von Dominikus wird erzählt, daß er zu den Füßen des Gekreuzigten in heiliger, ungeduldiger Leidenschaft seines Herzens wie ein Löwe gebrüllt habe. Die ungeheuere Denkanstrengung des Thomas hatte die Kräfte der Leidenschaft geläutert; das milde Licht der Katharsis umleuchtete ihn. Erkenntnisse, die das Denken bis hart an die Grenze des Schauens führten, strömten aus dem Brunnen seines Geistes: die welterhaltenden Mysterien offenbarten sich. Sie haben ihn in den letzten Jahren seiner Wirksamkeit ununterbrochen umgeben: »Immer wird der Sohn gezeugt, und immer zeugt der Vater.«[103] »Weil der Tod Christi die universale Ursache des menschlichen Heiles ist, eine universale Ursache aber zu einer jeden Wirkung der Zuwendung bedarf, so war es notwendig, daß den Menschen gewisse Heilmittel geboten würden, durch welche ihnen die

Wohltat des Todes Christi zuteil würde. Das aber sind die Sakramente der Kirche.«[104] »Durch den Hinzutritt des Wortes zum Element wird das Sakrament.«[105] Christi Leib und Blut, die der Mensch in Würdigkeit in sich aufnimmt, das gibt die Hoffnung, daß der Mensch auf dem Wege ist, einmal ganz im Göttlichen zu leben. Die welterhaltenden Mysterien, die den Menschen gleicherweise zu seiner himmlischen Natur führen durch den Gottessohn – das lebte in der Herzensklarheit des Thomas. Diese Klarheit verdichtete sich immer mehr zu Bildern. Visionen erfüllten seine Seele. Am Passionssonntag 1273 ging Thomas in die Dominikanerkirche zu Neapel. Lange lag er auf den Stufen des Altars um Erleuchtung flehend. Dann geriet Thomas in Verzückung. Unbeschreibliche, über alles Menschendenken hinausweisende Enthüllungen offenbarten sich ihm. Dann »wurde er mehrere Schuhe hoch über die Erde erhoben gesehen, das Angesicht dem Crucifixe über dem Altar zugewendet; das Christusbild belebte sich, und aus dem Munde des Gekreuzigten waren die Worte zu vernehmen: Thoma, bene scripsisti de me; quam recipies a me pro tuo labore mercedem? (Thomas, gut hast du über mich geschrieben; welchen Lohn verlangst du für deine Arbeit von mir?) – Non aliam, nisi te (keinen anderen, wenn nicht dich), lautete die Antwort des frommen Gottesweisen.«[106]

Eine Entrückung, die auf dem Schloß Mogonza, das seiner Nichte, der Gräfin Francesca Ceccano gehörte, ihn überkam, habe fünf Stunden lang gewährt, und dabei habe er Unaussprechliches geschaut. Auch sei ihm sein nahes Ende verkündet worden. Nur mit Mühe sei er wieder zum irdischen Leben erwacht.

Thomas schrieb nun nicht mehr viel. Seine gewaltige Denkanstrengung, wie ein Opfer für die Menschheit der geistigen Welt dargebracht, erschien ihm gering, gemessen an dem, was er nun immer mehr schaute. »Über die ›Buße‹, ›poenitentia‹, schrieb er seine letzten ›articulos‹ der Summa Theologica. Wie alle Sünde vom Herzen ihren Ausgang nimmt und sich von dort dem Mund und dem Werk mitteilen kann, wie also die Belastung des Menschen durch Blut und Fleisch im Herzen ansetzt, so muß auch die poenitentia, die Buße, die Vorbedingung der Sündenvergebung, der Erhebung des Menschen durch den Wortgott kraft des Opfers seines Geist-Bluts und Geist-Leibes, im Herzen beginnen. Vom Schicksalspulsschlag der Menschheit zwischen Sündenfall und Erlösung im Herzen jedes einzelnen Menschen schreibt Thomas. Und der letzte Gedanke – vor drei formellen Antworten auf zuvor formulierte scheinbare Widersprüche – ist, daß ›läßliche Sünden verziehen werden durch einen glühenden Akt der heilig Liebe‹. ›. . . venialia, quae remittuntur per aliquem ferventem actum charitatis‹, – durch ein glühendes Aufflammen des Seelenfunkens aus dem Menschenherzen!

War es diese Flamme, die, wie Thomas lehrt, einer Substanz ist mit der Flamme des Heiligen Geistes, die ihn von der Erde entrückte?«[107]

Die heilige Liebe macht Schauen. Mitten in der Abhandlung über die Buße überkam es ihn. Er schrieb, daß »läßliche Sünden verziehen werden durch einen glühenden Akt der heiligen Liebe . . .« Dann brach das Schauen auf. Später hat Bruder Reginald von Piperno die »Summa Theologica« durch das »Supplementum« zu einem Ende gebracht – ein unvollendeter Turm einer Kathedrale, der ein Notdach erhielt, ein Bild, das so manche Dome aus gotischer Zeit zeigen.

Thomas schwieg vom Nikolaustage des Jahres 1273 an, drei Monate vor seinem Tode. Man sagt, es sei während einer Messe gewesen. Danach habe Thomas gesagt: »Ich kann nicht mehr schreiben.« Noch einmal von Reginald aufgefordert, die »Summa« zu Ende zu diktieren, habe Thomas wiederholt: ». . . Ich habe Dinge gesehen, vor denen alles, was ich geschrieben habe, wie leeres Stroh erscheint.« Ausdrücklich und mit voller Energie hatte sich Thomas geweigert, weiter zu schreiben. Kein Zeichen der Schwäche oder der Müdigkeit! Die »Summa« mußte Fragment bleiben, das gehört zu ihrem Wesen. Und aus dem Bruch, den das irdische Denken offenlassen mußte, blühte die andersartige, verwandelte Gestalt gesteigerter Geisteskräfte hervor.

Bald darauf besuchte Thomas, wie schon so oft, die Gräfin von San Severino bei Salerno, seine jüngere Schwester, die ihm vor dreißig Jahren aus der Burg San Giovanni, wo er damals von seiner Familie gefangengehalten wurde, zur Flucht verhalf. Die Gräfin findet ihren Bruder schweigsam, wie erstarrt. Thomas schreibt nicht mehr, er diktiert nicht mehr. Die »Gedankenmühle, wie er einmal genannt wurde, des Abendlandes steht still. Seine Umgebung nimmt es wahr in ängstlichem Abwarten.

Einen ganzen Winter währt dieses Schweigen. Thomas ist während dieser Zeit voll den inneren Offenbarungen hingegeben. Sie verwandelten seine Geisteskräfte. Von Umgestaltung zu Umgestaltung führten sie ihn empor. Er muß in jener Zeit diesen Geist erfahren haben, von dem in einer Prophetie gesprochen wurde: »Siehe, er geht an mir vorüber, ehe ich's gewahr werde, und verwandelt sich, ehe ich's merke« (Buch Hiob).

Vor zehn Jahren hatte Thomas in jenem Fronleichnamshymnus der Sehnsucht nach Zukunftserneuerung Gestalt gegeben. Hatte nicht der Apostel Paulus ebenso gehofft und erfahren: »... das Alte ist vergangen, siehe, es ist alles neu geworden!«[108] Und der Apokalyptiker Johannes hatte doch den Geist geschaut, der auf dem Throne sitzt und der gewaltig in die Welt hineinspricht: »Siehe, ich mache alles neu!«[109] Auch die Herzen, die Wortverkündigung und die Taten!

Nun erfuhr Thomas die Wahrheit dessen, was er damals schrieb:

»Reccedant vetera, nova sint omnia,
Corda, voces et opera.«

IX.

Ende des Jahres 1273 erhielt Thomas ein päpstliches Schreiben, das ihn aufforderte, am Konzil von Lyon teilzunehmen. Das Konzil sollte über die Wiedervereinigung der westlichen und östlichen Kirche beraten. Unverzüglich machte er sich auf. Ihn begleitete Bruder Reginald von Piperno, dem er jenes wunderbare »Compendium Theologiae« gewidmet hatte: »ad fratrem Reginaldum, socium suum carissimum«, dem »vielgeliebten Gefährten«, und welches handelt von dem Glauben, durch den man die Wahrheit erkennt, von der Hoffnung, die die Ziele des Willens bestimmt, und von der Liebe, durch die die Tatkraft geordnet werde.

Auf dem Wege, den die beiden Gefährten nach der Regel der Dominikaner zu Fuß unternahmen, fand sich Thomas sehr geschwächt und suchte das Schloß seiner Nichte Franzisca von Ceccano auf, um dort ein paar Tage auszuruhen. Aber Erholung fand er nicht; denn ihn befiel eine unüberwindliche Abneigung gegen jede Nahrungsaufnahme. Die Schwäche seines Leibes nahm sehr schnell zu, obwohl er noch ein- oder zweimal die Messe zelebrierte in großer Ehrfurcht und unter Tränen, zur Erschütterung der anwesenden Mönche. Als er das Ende nahen fühlte, verließ er das Schloß, um nicht in einem weltlichen Hause, sondern in einem Kloster zu sterben. So kam er, begleitet von wenigen Brüdern, noch bis zum nahen Zisterzienserkloster Fossanuova bei Terracina. Voller Ehrerbietung empfingen ihn die Zisterzienser-Mönche in ihren weißen Kutten. Ein Lager wurde bereitet, und der Medizin kundige Mönche pflegten ihn. Aus Sorge und Liebe der Brüder zu Thomas holten sie selber auf ihren Rücken das Holz aus dem Walde, um die Last nicht den Tieren, die doch keine Vernunft haben, zu überlassen.

Mehr als einen Monat lang war nun schon Thomas im Kloster Fossanuova. Sein Krankheitszustand verschlechterte sich mehr und mehr, wiewohl eine klare, ruhige Güte und Geduld ihn umhüllte. Den Aufforderungen Reginalds gegenüber, die »Summa« zu Ende zu diktieren, blieb Thomas fest: kein Wort zur Vollendung seines großen Werkes kam mehr über seine Lippen. – Auf Bitten der Brüder, er möge ihnen doch das Hohelied Salomonis, das mystische Buch der Gottesliebe, erläutern nach dem inneren, verborgenen Sinne, willigte Thomas ein. Als er an

Der Konvent von Fossanuova, wo Thomas starb (Photographie H. H. Schöffler, Tübingen).

die Worte kam: »Filiae Jerusalem, dicite dilecto meo, quia prae amore moriar...« (Ihr Töchter Jerusalems, sagt meinem Geliebten, daß ich vor Liebe sterben will...), versagte ihm die Stimme.

In der Nacht darauf sahen die Bauern des benachbarten Dorfes eine Feuersäule über dem Kloster stehen, die wunderbarerweise das Dach nicht verzehrte. Tags darauf legte Thomas die Beichte seines Lebens ab: es war die Beichte eines fünfjährigen, unschuldigen Kindes, die Bruder Reginald hörte. Und nachdem dieser das »absolvo te« gesprochen hatte, verließ er voller Tränen die Sterbekammer, als fürchte er sich vor der Unschuld dieses Menschen.

Die Welt hielt den Atem an. Auf den Feldern knieten die Bauern. Thomas starb.

Wieder erschien die Feuersäule über dem Kloster. Am nächsten Abend bat er um das Sterbesakrament. Er ließ sich vom Lager heben und ging, gestützt von den Brüdern, mit letzter erlöschender Kraft der geweihten Hostie entgegen. Dann bat er, ihn auf die Asche vor dem Kamin zu legen und dankte den Brüdern für ihre Liebe und Hilfe. Es war der Abend des 6. März 1274. Bald »verfiel er in eine leise Agonie, welche bis zur grauenden Morgenstunde des nächsten Tages andauerte.«[110] Um sein Lager hatten sich still der Franziskaner-Bischof der Diözese, Zisterzienser, Dominikaner und noch einige Franziskaner versammelt. »... als die ersten Strahlen der aufgehenden Sonne die schneeigen Spitzen der Berge vergoldeten, schwebte sein Geist zur Anschauung der ewigen Sonne des Geistes empor.«[110] Ein Bote des Christus und ein Diener der Menschheit hatte die Erde verlassen. »... heiter verließ er den Leib, wie er bewunderungswürdig außerhalb des Leibes gelebt zu haben schien.«[111]

Um dieselbe Zeit saß Albertus Magnus im Chor der Predigerkirche zu Köln. Mitten in der Betrachtung schluchzte er auf: Thomas ist eben von uns gegangen. – Und in Paris schreckte ein junger Dominikaner-Mönch tränenüberströmt aus dem Frühschlaf.

Die folgenden Tage lag Thomas aufgebahrt im Kloster. Er war von hoher, edler Statur, sein »Kopf von vollendeter Schönheit; sein Angesicht hatte süditalienische Färbung, seine Züge drückten Sanftmut und Würde aus.«[110]

Merkwürdige Erscheinungen während seines Sterbens und

nach dem Tode weiß die Überlieferung zu berichten:[110] So sah ein Zisterzienser in der Sterbestunde im Traum einen hellen Stern auf das Kloster fallen, der dann wieder zum Himmel aufgestiegen sei, geführt von zwei anderen Sternen. Und der erblindete Unterprior des Klosters habe durch die Berührung des Leichnams sein Augenlicht wiedererlangt.

Die Zisterzienser bewunderten die Sprache des Schicksals im Leben des großen Dominikaners, der bei ihnen gestorben sei, auf daß sich der Kreis seines Lebens geschlossen habe, habe er doch sein geistiges Leben begonnen auf dem Monte Cassino bei den Benediktinern, auf welche sich die Zisterzienser zurückführen.[112]

An Ehrungen für den großen Lehrer des Abendlandes hat es nicht gefehlt. Man erkannte und empfand seine innere große Bedeutung. Aber Ausnahmen, selbst innerhalb der Kirche hat es auch gegeben: Drei Jahre nach dem Tode des Thomas, am 7. März 1277, verurteilte der Pariser Bischof Stefan Tempier einige der thomistischen Lehren, und es verwischten sich die Grenzen des Nominalismus und Realismus, so daß hin und wieder Thomisten als Averroisten verdächtigt wurden und umgekehrt. Die Verurteilung thomistischer Lehren 1277 geht wohl auf eine Wirksamkeit des Franziskaner-Generals Bonaventura zurück, der schon früher sich verschiedentlich gegen Thomas gewandt hatte, ebenso gegen Aristoteles, den Bonaventura »luciferiani«, hochmütig, nennt und dessen Philosophie am Urbeginn der ersten Sünde stehe. Dieser Bonaventura, drei oder vier Jahre älter als Thomas, kann in vieler Beziehung als das gerade Gegenteil des Thomas empfunden werden. Bonaventura starb am 15. Juli 1274, kurz nach Abschluß des Konzils von Lyon, im gleichen Jahre wie Thomas.

Thomas hatte durch Jahrhunderte dem Abendlande die innere Festigkeit und der Kirche das Gedankengerüst gegeben. Aber jenen Schritt, den Thomas seit dem Nikolaustage 1273 machte, als sich der Himmel seinem geistigen Schauen öffnete, konnte die Kirche nicht mitmachen. Die große »Theologische Summa« war fortan der bleibende Inhalt der Kirche und konnte nicht das werden, was er für Thomas selber war: die sichtbaren Spuren der aufgewendeten Gedankenmühe, die, sich verwandelnd, Thomas dann zur Geisteserfahrung führte. Die Kirche hielt am Lehrinhalt fest. Dieser erfreute sich wachsender Autorität. Auf dem Konzil von Trient, dem Konzil der Gegenreformation, sah man die »Theologische Summa« auf dem gleichen Tisch neben der Bibel liegen.

Als Thomas verstummte, wandte er sich ab von der Tätigkeit, die die Gedankenanstrengung dazu verwendet, die christliche Offenbarung in ein denkbares Verhältnis zur menschlichen Seele zu setzen. Nun lebte Thomas selber in der Offenbarung, und es stand vor seiner Seele die Frage: Wie wird das Denken selber christlich, nachdem es seine Aufgabe erfüllt hat, die christliche Offenbarung der Menschenseele zu verbinden? »Daher ist es, trotzdem die vollkommenste logische Technik in der Scholastik lebt, vor allen Dingen wichtig, daß man nicht die Resultate der Scholastik nimmt, sondern daß man durch die Antwort hinschaut auf die Fragestellungen; daß man absieht von dem, wozu sich im zwölften, im dreizehnten Jahrhundert die Menschen hindurchringen können; daß man sieht auf die großen Probleme, die damals aufgestellt worden sind. Man war noch nicht mit der Christologie so weit gekommen, daß man die Erlösung der Menschen von der Erbsünde bis in das menschliche Denken hinein hat verfolgen können. Daher mußten Albertus und Thomas der Vernunft das Recht absprechen, die Stufen zu überschreiten, über die hinaufschreitend sie in die geistige Welt selbst eintreten könne. Und es blieb von der Hochscholastik die Frage zurück: Wie entwickelt sich das menschliche Denken hinauf zu einer Anschauung der geistigen Welt? Selbst das wichtigste Ergebnis der Hochscholastik ist eine Frage ..., ist nicht dasjenige, was als Inhalt von der Hochscholastik existiert. Es ist die Frage: Wie trägt man die Christologie in das Denken hinein? Wie wird das Denken christlich gemacht? – Diese Frage steht welthistorisch da in dem Augenblicke, als Thomas von Aquino 1274 stirbt – bis zu diesem Momente konnte er sich nur durchringen zu der Frage – die Frage steht mit aller Herzinnigkeit da in der europäischen Geisteskultur.« [113]

Diese Frage, aus den Untergründen des abendländischen Geisteslebens auftauchend, hat die offizielle Kirche nicht mitempfunden und nicht mitgestellt. Sie hielt an den Ergebnissen der Scholastik fest. Am 4. August 1879 erschien Leos XIII. bekannte Enzyklika »Aeterni Patris«, die den sogenannten Neuthomismus begründete und die Philosophie und Theologie des Thomas ein für allemal allem kirchlichen Denken und Glauben vorschreibt. Es wird darin von der menschlichen Vernunft so gesprochen, daß sie in dem thomistischen Lehrgebäude einen solchen Grad der Vollkommenheit erreicht habe, daß man sich eine weitere Vollkommenheit nicht denken könne – eine Meinung, die Averroes von Aristoteles hegte und die Thomas seinerzeit bitter bekämpft hatte! Thomas, der »Hort und Schmuck« der Kirche, wurde zum Patron aller kirchlichen Hochschulen. – Man kommt doch zu der Frage: hat denn Thomas, hat denn die Menschheit von jenem Nikolaustage 1273 bis zum 4. August 1879 keine Entwicklung durchgemacht? Hat es nicht Jahrhunderte menschlicher Mühe und Größe gegeben in der Blickwendung auf die Natur und ihre Offenbarung? Ist es recht, von Thomas so zu denken, wie ein heidnischer Philosoph, der der größte Gegner des Aquinaten war, von Aristoteles dachte?

Die Gestalt des Thomas von Aquino, des Doctor Angelicus, leuchtet über die Jahrhunderte hinweg. Als ein Verwandelter kommt er uns entgegen, er, der die Frage nach der Verchristlichung des Denkens so innig wie nur möglich gestellt hatte, nun kann es gar nicht anders sein, als daß er die Antworten auf jene Frage bringt. Und diese Antworten begründen die Zukunft des Christentums. Es ist ein Christentum, das das Denken aufnehmen kann in seine Welt, und damit werden Glauben und Wissen zusammenwachsen und die Grenze der Praeambula fidei beweglich und verrückbar. Ein Christentum des Wissens, das wieder den Glauben in ehrlicher Weise im Herzen bewegen kann, das wird die Zukunft des Christentums sein.

Wenn ein gründlicher Kenner des Thomismus folgende Sätze schreibt, so können wir sie nur unterstreichen: »Wir glauben: wenn Aristoteles wieder auf die Welt käme, würde er sicherlich nicht alles unterschreiben, was Thomas gesagt hat; aber weit entfernt, ihn des Plagiats anzuklagen, empfände er jene tiefste Freude des Geistes, die es gibt: die nämlich, verstanden worden zu sein und sich selbst übertroffen zu sehn in dem Geist eines solchen Schülers.«[114] Aber wir erheben diese Sätze zur allgemeinen Möglichkeit: Wenn Thomas wiederkäme, würde er nicht, wenn er sich in der gleichen Lage wie Aristoteles sähe, jene selbe »tiefste Freude des Geistes« empfinden!

Thomas, diese Ewigkeitskraft eines großen Geistes, der wie ein Bote der sich immer wandelnden Gottheit erscheint, war im Erdenleben schon ein sich Wandelnder. Als er nahezu die »Summa« vollendet hatte und kurz, ehe er verstummte, dachte er daran, das Werk zu verbrennen; denn das bisher Unbekannte, Zukünftige erfüllte ihn schon.

Seither sind 600 Jahre vergangen.

1907 erschien erstmalig das gründliche Werk des französischen Dominikaners A. D. Sertillanges »Saint Thomas d'Aquin«. Am Ende dieses Buches schreibt Sterillanges: »Wenn ein Sturm käme und Gott uns ein demütiges Genie gäbe, das um alles weiß und sich selbst vergißt, das in alles ›eingeweiht‹ und nur der Wahrheit hingegeben ist, wer weiß, ob dann nicht die ungeheure, in alle Winde verstreute geistige Kraft sich sammeln und in neuer Herrlichkeit sich erheben würde?

Wer weiß, ob wir nicht gerade in dieser Stunde, in der man so gern vom Untergang redet, am Vorabend eines großen philosophischen Jahrhunderts stehn?«

Das Abendland stand damals, 1907, schon in der Morgenröte eines großen »philosophischen« Jahrhunderts.

Anmerkungen

1 Sum. theol. I, 2, I art. 5., übersetzt von A. D. Sertillanges in dem Buch: »Der heilige Thomas von Aquin«. Köln und Olten 1954 (2. Aufl.).

2 Contra Gentiles I, 7; nach Sertillanges.

3 Thomas' Herzlehre in Beispielen in: Roman Boos, »Thomas von Aquino«, Schaffhausen 1959. Siehe auch H. H. Schöffler, »Die Zeitgestalt des Herzens«, Stuttgart 1975.

4 J. Didiot, »Le docteur angélique S. Thomas d'Aquin«, 1894, nach Karl Heyer, »Vom Genius des Mittelalters«, Kreßbronn, Bodensee 1960.

5 Siehe das Buch des Verfassers, »Geheimnisvolle Erde«, Freiburg 1980, und den Aufsatz des Verfassers, »Thomas von Aquino und Rudolf Steiner«, in »Die Christengemeinschaft«, April 1961.

6 Siehe die Vorträge Rudolf Steiners zu Pfingsten 1920: »Die Philosophie des Thomas von Aquino«, Dornach 1972.

7 Siehe Anm. 6, 2. Vortrag.

8 Siehe hierzu auch Hans Erhard Lauer, »Die Wiedergeburt der Erkenntnis«, Freiburg 1946.

9 Nach dem ital. Humanisten Joh. Ant. Flaminius († 1536), zitiert nach Karl Heyer, »Vom Genius des Mittelalters«.

10 Nach Karl Werner, »Der heilige Thomas von Aquino«, drei Bände, Regensbug 1858–1859.

11 »Cistercium bis -tertium« (= 600 Jahre Zisterzienserordensgeschichte) von Augustus Sartorius, Vetero-Pragae 1700, S. 915 (nach Karl Heyer).

12 Ausspruch Siger von Brabants, des heftigen Gegners des scholastischen Realismus (nach Sertillanges).

13 Siehe auch G. K. Chesterton, »Der stumme Ochse«, Freiburg 1960.

14 Nach Sertillanges.

15 Offizielles Verzeichnis der Werke des heiligen Thomas (Auszug aus dem Heiligsprechungsprozeß):

I.

1. Primo, Contra impugnantes Dei cultum et religionem, contra Magistros Parisienses, tempore Alexandri Papae IV.
2. De operationibus occultis, ad quemdam militem ultramontanum.
3. Item. In quibus potest homo licite uti judicio astrorum, ad eundem.

4. De principiis naturae, ad fratrem Silvestrum.
5. De regno, ad regem Cypri.
6. De substantiis separatis, ad fratrem Raynaldum de Piperno.
7. De rationibus fidei, ad cantorem Antiochenum.
8. De perfectione vitae spiritualis, contra magistrum Geraldum.
9. Contra doctrinam retrahentium a religione, contra Geraldos.
10. De sortibus, ad dominum Jacobum de Tolongo.
11. De forma poenitentiae absolutionis sacramentalis, ad Magistrum Ordinis.
12. Contra errores Graecorum, ad Urbanum Papam.
13. Declaratio triginta sex quaestionum, ad lectorem Venetum.
14. De regimine Judaeorum, ad Ducissam Brabantiae.
15. Declaratio quadraginta trium quaestionum, ad Magistrum, Ordinis.
16. Declaratio sex quaestionum, ad lectorem Bisuntinum.
17. De ente et essentia, ad fratres socios.
18. De mixtione elementorum, ad Magistrum Philippum de Castrocaeli.
19. De motu cordis ad eundem.
20. De unitate intellectus, contra Averroistas Parisienses.
21. De aeternitate mundi, contra murmurantes.
22. Expositio circa primam decretalem De Fide catholica et Summa Trinitate et
23. secundam Damnamus, ad Archidiaconum Tudertinum.
24. De articulis fidei et sacramentis Ecclesiae, ad Archiepiscopum Panormitanum.
25. Brevis compilatio theologiae, ad fratrem Raynaldum de Piperno.

Supradicta omnia vocantur opuscula.

II.

Tot etiam alia opera edidit, quorum exemplaria sunt Parisius videlicet:

26. Quatuor libros super Sententiis.
27. Tres partes Summae.
28. De Quaestionibus disputatis, partes tres. Unam disputavit Parisius, scilicet (a) De Veritate; aliam in Italia, scilicet (b) De potentia Dei, et ultra; aliam secunda vice Parisius, scilicet (c) De virtutibus et ultra.
29. Undecim quodlibet disputata.
30. Opus contra Gentiles, quod continet quatuor libros.
31.–34. Glossas super quatuor Evangelia.

35.–38. Expositionem super quatuor Evangelia ad litteram.
39. Super Epistulam ad Romanos.
40. Super Epistulam ad Corinthios.
41. Super Isaiam.
42. Super Jeremiam.
43. Super Threnos.
44. Super Cantica.
45. Super Dionysium De divinis nominibus.
46. Super Boethium De hebdomadibus.
47. Super Boethium De Trinitate.
48. De fide et spe, ad fratrem Raynaldum de Piperno.
49. Super primum perihermenias.
50. Super librum Posteriorum.
51. Super librum Physicorum.
52. Super libros De Caelo Ares.
53. Super primum librum De Generatione.
54. Super duos libros Meteororum.
55. Super secundum et tertium De Anima.
56. Super librum De Sensu et Sensato.
57. Super librum De Memoria et Reminiscentia.
58. Super librum De Causis.
59. Super Metaphysicam.
60. Super librum Ethicorum.
61. Super Politicam, libros quatuor.

III.

Si autem sibi alia adscribantur, non ipse scripsit et notavit, sed alil recollegerunt post eum legentem, vel praedicantem, puta:

62. Lecturam super Paulum ab XI capitulo primae Epistolae ad Corinthios usque ad finem; quam recollegit frater Raynaldus de Piperno socius ejus.
63. Item, lecturam super Johannem, qua non invenitur melior; quam recollegit idem frater Raynaldus, sed correxit eam frater Thomas.
64. Item, lecturam super quatuor nocturnos Psalterii; idem.
65. Collationes De Pater Noster, et
66. Credo in Deum.
67. Collationes De decem praeceptis; frater Petrus de Andria.
69. Lecturam super Matthaeum idem frater Petrus, quondam scolaris Parisiensis, quae defectiva est.
70. Lecturam super primum De Anima; frater Raynaldus de Piperno.

16 Nach Karl Werner, siehe Anm. 10.

17 Nach M.-D. Chenu, »Thomas von Aquin in Selbstzeugnissen und Bilddokumenten«. Hamburg 1960, ^{2}1981.

18 Nach Karl Werner.

19 Siehe auch Wolfgang Schickler, »Ewiges Evangelium«.

20 Siehe Bernardus Silvestris, »Über die allumfassende Einheit der Welt«, übersetzt und eingeleitet von Wilhelm Rath, Stuttgart 1972; und Karl Heyer, »Das Wunder von Chartres«, Basel 1938.

21 Nach Jordan von Sachsen, Libellus de principiis ordinis praedicatorum, Nr. 103 f, ed. Scheeben (MOPH Bd. 16), S. 74 f. Deutsche Übersetzung von M. D. Kunst: Meister Jordan, Das Buch von den Anfängen des Predigerordens (Bücher für Glauben und Leben, Dokumentarische Reihe, Bd. 1), Kevelaer 1949.

22 Nach Karl Heyer, »Vom Genius des Mittelalters«, Kreßbronn 1960.

23 Sighart, »Albertus Magnus«, Regensburg 1857.

24 Nach Karl Werner, siehe Anm. 10.

25 »Thomas von Aquin«, herausgegeben von Josef Pieper, Hamburg 1958.

26 Wilhelm von Tocco, »Vita Sancti Thomae Aquinatis«, Kap. 8, ed. Prümmer (Fontes vitae S. Thomae Aquinatis, Fasc. II, Saint Maximin [Var] 1924), S. 73 f.

27 Nach Wilhelm von Tocco, siehe Anm. 26.

28 Nach Roman Boos, »Thomas von Aquino«, Schaffhausen 1959.

29 Nach Karl Werner, siehe Anm. 10.

30 Zitiert nach Karl Heyer.

31 Siehe Anm. 13.

32 Sertillanges schreibt in dem oben genannten Buche darüber: »Die philosophische Überlegenheit des hl. Thomas über Albert ist klar. Die Sprache des hl. Thomas ist nicht so heftig wie die seines Lehrers; aber er beherrscht den Stoff mehr; er überwindet in stärkerem Maße die kindlichen Anschauungen seiner Zeit und entzieht sich dem Einfluß jener besonderen Meinungen, in die Albert sich häufig verwickelt. Wer beide kennt, wird in der Wahl seines Meisters nicht schwanken. Mit Albert sucht man mit Leidenschaft; aber welches Gefühl der Sicherheit hat man bei Thomas!«

33 Nach Sertillanges, Anm. 1.

34 Sertillanges, Anm. 1.

35 Siehe hierzu Elisabeth Vreede, »Anthroposophie und Astronomie«, Dornach 1979.

36 Nach dem Aufsatz von Joachim Schultz, »Über Albertus Magnus«, in »Das Goetheanum« vom 16. Oktober 1960.

37 Siehe Anm. 5.

38 Siehe Anm. 36.

39 Nach Karl Werner, siehe Anm. 10.

40 Thomas von Aquin, »Über das Sein und das Wesen«, deutsch-lateinische Ausgabe, übersetzt und erläutert von Rudolf Allers, Hamburg 1959.

41 Wilhelm von Tocco, Prior des Predigerklosters von Benevent.

42 Nach: Karl Werner, siehe Anm. 10.

43 Nach Wilhelm von Tocco, siehe Anm. 26. Der 11. Psalm aus: »Liber psalmorum« (deutsch von Carl Johann Perl), Graz-Wien 1947.

Salva, Domine! Nam deficiunt pii,
desiit fidelitas inter filios hominum.
Fallacia loquunter unusquisque ad proximum suum,
labiis dolosis loquuntur et duplici corde.
Exstirpet Dominus omnia labia dolosa,
linguam magniloquam,
Eos qui dicunt: »Lingua nostra fortes sumus;
labia nostra pro nobis sunt:
quis nobis est dominus?« –
»Propter afflicationem humilium et gemitum
pauperum, nunc exsurgam, dicit Dominus:
conferam salutem ei qui desiderat eam.« –
Eloquia Domini sunt eloquia sincera,
argentum probatum, separatum a terra, purgatum septies.
Tu, Domine, servabis nos,
custodies nos e generatione hac in aeternum.
In circuitu impii ambulant
cum se extollunt vilissimi hominum.

Hilf, o Herr, denn es ermatten schon die Frommen,
es hat aufgehört die Treue bei den Menschensöhnen!
Jeder redet mit dem Nächsten trügerisch,
und sie sprechen zueinander nur mit schlauen Lippen und mit falschem Herzen.
All die trügerischen Lippen und die prahlerischen Zungen soll der Herr ausrotten;
Alle, die da sagen: Wir sind stark durch unsere Zunge; unsre Lippen stehn uns bei;
wer kann Herr sein über uns?«

»Um der Pein der Kleinen willen und des Seufzers der Bedürftigen will Ich Mich jetzt erheben«, spricht der Herr, »will zur Rettung dem verhelfen, der sich nach ihr sehnt.«
Reden Gottes: das sind lautre Reden,
sind erprobtes Silber, rein von Erdenrest und siebenfach geläutert.
Du, o Herr, wirst uns bewahren,
uns behüten immerzu vor dieser Sippe.
Nur noch Frevler schreiten ringsumher,
seit die Niedrigsten der Menschen sich erheben.

44 »Liber psalmorum«, Graz-Wien 1947.

45 Text aus »Summa contra Gentiles«, nach den Übersetzungen von Hans Nachod und Paul Stern, Leipzig 1935.

46 Quaestiones disputatae de potentia Dei 7, 5–14; nach: »Thomas von Aquin«, herausgegeben von Josef Pieper, Hamburg 1958.

47 Siehe Anm. 6, 2. Vortrag.

48 Nach Roman Boos, siehe Anm. 28.

49 Wilhelm von Tocco, siehe Anm. 43.

50 Z. B. in dem Gemälde von Hans Pleydenwurff (1472), siehe Abb. S. 19.

51 Siehe Anm. 48.

52 Nach Karl Werner, siehe Anm. 10.

53 Nach G. K. Chesterton, siehe Anm. 13, S. 71 f.

54 Eine Gesamtausgabe findet sich in 30 Quartbänden, erschienen in Parma von 1852 bis 1874.

55 Übersetzt von Roman Boos, siehe Anm. 28.

56 Aus Rudolf Steiner, »Die Rätsel der Philosophie«, I. Bd., Dornach 1924.

57 Siehe Anm. 5.

58 Aus Hans Erhard Lauer, »Die Wiedergeburt der Erkenntnis«, Freiburg 1946.

59 Siehe Anm. 6, aus dem 3. Vortrag.

60 Siehe Anm. 6, aus dem 2. Vortrag.

61 Unter den lateinischen Ausgaben der Opera Averrois gilt diejenige als die beste, die 1553 in Venedig erschien.

62 »Gloria dominicana« von Bonaiuto, 14. Jh., Bildteil: Thomas und die Heiden.

63 Nach Wilhelm von Tocco, siehe Anm. 26.

64 Rudolf Allers, im Nachwort der Ausgabe »Über das Sein und das Wesen«, siehe Anm. 40.

65 Roman Boos, siehe Anm. 28.

66 Aus G. K. Chesterton, siehe Anm. 13.

67 Diese Tendenz wirft z. B. J. G. Herder der Geschichtsauffassung Kants vor. Erstere hat in der gesamten Kantschen Philosophie ihre neuzeitliche Form ausgebildet.
68 Siehe Anm. 1 und 2.
69 Nach Roman Boos, Anm. 28.
70 Aus Rudolf Steiner, »Die neue Geistigkeit und das Christus-Erlebnis des zwanzigsten Jahrhunderts«, 2. Vortrag, Dornach 1970.
71 Siehe Anm. 6, 3. Vortrag.
72 Siehe Anm. 6, 2. Vortrag.
73 Sum. Theol. II, 8, 1, übersetzt von Roman Boos.
74 Sum. Theol. I, 7, 11, übersetzt von Roman Boos.
75 »De consolatione philosophiae« schrieb Boethius im Kerker von Pavia, † 524.
76 Sum. Theol. I, 12, 12, übersetzt von Roman Boos.
77 Summa Theologica; Der Gottesbeweis: Die fünf Wege; der erste Weg (nach Sertillanges).
78 Summa Theologica; Der Gottesbeweis; der fünfte Weg (nach Sertillanges).
79 Sum. Theol. I. 1 (»Die Gnade hebt die Natur nicht auf, sondern vollendet sie.«).
80 Sum. Theol. I, 12, 12, übersetzt von Josef Pieper.
81 Commentaria in librum Boethii De trinitate VI, 3, übersetzt von Josef Pieper.
82 Compendium Theologiae, übersetzt von Roman Boos.
83 Übersetzt von Roman Boos.
84 Übersetzt von Josef Pieper.
85 Nach G. K. Chesterton, siehe Anm. 13.
86 Summa contra Gentiles II, 3, übersetzt von Josef Pieper.
87 Aristoteles, »Metaphysik«, herausgegeben, übertragen und in ihrer Entstehung erläutert von D. Paul Gohlke, Paderborn 1951. Aristoteles, »Categoriae et liber de interpretatione«, Oxonii 1949.
88 Sum. Theol. II, 8, 1, übersetzt von Roman Boos.
89 Sum. Theol. I, 12, 4, übersetzt von Roman Boos.
90 De spiritualibus creaturis, übersetzt von Roman Boos.
91 Kommentar zur Schrift des Aristoteles »Über Himmel und Welt«, übersetzt von Roman Boos.
92 Compendium Theologiae, für Reginald von Piperno, übersetzt von Roman Boos.
93 1. Mos. 28, 12. 13.
94 Der hl. Thomas, Aristoteles und Platon; Gemälde von Benozzo Gozzoli, um 1480, Louvre, Paris.

95 Übersetzt von Josef Pieper.
96 Commentaria in Hiob, übersetzt von Josef Pieper.
97 Sum. Theol. I, 2, übersetzt von Josef Pieper.
98 Sum. Theol. I, 2, übersetzt von Josef Pieper.
99 Siehe Anm. 15.
100 Aus dem Buche von Josef Pieper, siehe Anm. 25.
101 Nach Karl Werner, siehe Anm. 10.
102 Übersetzung von Roman Boos.
103 Sum. Theol. I, 48, 2–3, übersetezt von Josef Pieper.
104 Sum. Theol. I, 63, 9, übersetzt von Josef Pieper.
105 Sum. Theol. II, 157, 2, übersetzt von Josef Pieper.
106 Nach Karl Werner und Wilhelm von Tocco, siehe Anm. 10 und 26.
107 Aus Roman Boos, siehe Anm. 28.
108 2. Kor. 5, 17.
109 Apok. 21, 5.
110 Nach Karl Werner, siehe Anm. 10.
111 Nach Wilhelm von Tocco, siehe Anm. 26.
112 Siehe Anm. 11.
113 Siehe Anm. 6, 2. Vortrag.
114 Nach Sertillanges.

Biographien und Werkbetrachtungen

EKKEHARD MEFFERT

Nikolaus von Kues

Sein Lebensgang – Seine Lehre vom Geist · 330 Seiten, Leinen

Nikolaus von Kues (1401–1464), einziger deutscher Kardinal seiner Zeit, Humanist, Naturwissenschaftler, Philosoph und Mystiker, ist einer der letzten Universalgelehrten des ausklingenden Mittelalters und gleichzeitig Wegbereiter der Neuzeit an der Epochenschwelle. Dieser »Herbst des Mittelalters« ist eine Zeit des inneren Umbruchs, ein apokalyptisches Zeitalter, in dem polare Umbruchströmungen anzeigen, daß eine Menschheitsepoche sich dem Ende zuneigt und eine neue Epoche heraufzieht. Ekkehard Meffert, Professor an der Universität Bonn, beginnt sein Buch mit dem Lebensgang des Nikolaus von Kues und stellt ihn in das faszinierende Kulturgemälde des 15. Jahrhunderts hinein. Zahlreiche zeitgenössische Abbildungen vergegenwärtigen die Strömungen dieser Zeit. Nikolaus von Kues, einerseits mittelalterlicher Kirchenfürst und tieffrommer Mystiker, ist andererseits als Bahnbrecher der Naturwissenschaft ein Vorläufer des Kopernikus. Nimmt er doch mit der revolutionären Einsicht, daß die Erde nicht feststehendes Zentrum des Weltalls sein könne, die Lehre des Kopernikus vorweg. Mit fast renaissancehaftem Selbstbewußtsein zeichnet er als weitgereister Legat die erste moderne Landkarte Mitteleuropas, damit den tragenden Kulturraum der Neuzeit markierend. Nicht zu vergessen ist auch seine tatkräftige Förderung der gerade erfundenen Buchdruckerkunst. Auch in seiner Philosophie ist Nikolaus von Kues ein Letzter und Erster zugleich. Sie ist gekennzeichnet durch eine erstaunliche Modernität in der Auffassung des Geistes und seiner Erkenntnis, deren Zukunftskeim eigentlich erst durch die moderne Geisteswissenschaft richtig erschlossen werden kann.

FRIEDRICH HIEBEL

Der Tod des Aristoteles

Roman einer Menschheitswende · 268 Seiten, Leinen

»Das Ende des 4. vorchristlichen Jahrhunderts nimmt in Friedrich Hiebels die Quellen benützendem und mit großer Detailkenntnis geschriebenem Aristoteles-Roman Gestalt an. Bei manchen Stellen fühlt sich der besinnliche Leser aber auch an die Gegenwart erinnert, in der einerseits der von Aristoteles vollzogene Schritt vom Nationalismus zur Unabhängigkeit von Bluts- und Rassezusammenhängen in weltweitem Maßstab wiederholt wird, wo aber anderseits auch das aristotelische bildlose Denken wieder einer anschauenden Gedankentätigkeit – einem Platonismus auf höherer Ebene sozusagen – Platz macht.« *Tagesanzeiger, Zürich*

VERLAG FREIES GEISTESLEBEN

Biographien und Werkbetrachtungen

JAKOB STREIT

Albertus Magnus

Am Wendekreis des abendländischen Denkens
62 Seiten

Es gehört zu den merkwürdigen Tatsachen der Geistesgeschichte, daß der große Philosoph und Naturforscher des Hochmittelalters, der »Doctor Universalis«, Albertus der Große (1193–1280) so wenig Eingang gefunden hat in den Diskussionen über die geistigen Grundlagen der Neuzeit. Jakob Streits Biographie bietet eine nützliche Hilfe, sich diese Gestalt, ihre Wirkung und Bedeutung bewußt zu machen. Das Leben des Albertus wird in seinen markanten Stationen beschrieben; sein soziales Wirken in seiner Zeit, seine Lehrerschaft im Dominikaner-Kloster Köln finden ihre anschauliche Darstellung. Insbesondere findet sein geistiges Werk insgesamt eine angemessene Deutung: seine christliche Rezeption des Aristoteles bildete die tragfähige Grundlage der abendländischen Kultur, gerade in der damals scharf geführten Auseinandersetzung mit dem orientalischen Arabismus. Nicht nur die Philosophie gewann eine neue, nämlich christliche Basis, auch für eine empirische Grundlegung der Naturwissenschaft gingen von Albertus wirksame Impulse aus, deren Spiritualität aber bis heute verdeckt geblieben sind.

FRIEDRICH HIEBEL

Campanella

Der Sucher nach dem Sonnenstaat. Geschichte eines Schicksals
2. Aufl., 306 Seiten, Leinen

Dichter und Philosoph, Mystiker und Theosoph, Sozialpolitiker und Naturwissenschaftler, faustisches Universalgenie – das ist Tommaso Campanella (1568–1639). Wie Giordano Bruno und Galilei, mit denen er ein Dreigestirn der italienischen Spätrenaissance bildet, kommt er früh mit der scholastischen Orthodoxie in Konflikt. Die Gewalt seiner denkerischen Visionen, die jeden theologischen Kanon sprengen, lassen den Feuerkopf zum Revolutionär werden und bringen ihn in die Fangarme der spanischen Justiz und der römischen Inquisition. Der Versuch, in seiner Heimat, dem Königreich Neapel, die Idee eines christlichen Volksstaates in die Tat umzusetzen, scheitert verhängnisvoll und bringt ihn für 27 Jahre in die Kerker Neapels.

VERLAG FREIES GEISTESLEBEN